世田谷区成城の自宅にて　右端が著者(1979)

祖父母：石原潔・光子
（ドンちゃん・おばあちゃん）

石原慎太郎・典子
（親父・おかあさん）

次男：良純《よしずみ》（残し男）
親父が描いたスケッチ

長男：伸晃《のぶてる》
（シンタコ）

石原家の人びと

石原裕次郎・まき子
（裕次郎おじちゃん・マコおばちゃま）

四男：延啓《のぶひろ》
（ぶりちゃん）

三男：宏高《ひろたか》
（マンガ君）

石原良純のアルバムから

Ishihara Yoshizumi's Album

1歳　逗子の自宅

生後間もないころ　逗子の自宅で

1歳　父母と兄（6歳）と逗子の自宅で

3歳のころ

幼稚園の遠足
大船フラワーセンター

小学校２年生　慶應幼稚舎の通学姿

小学校３年生
初海外旅行のイギリス南部ウェイモスにて

小学校３年生　逗子の家の近所で

小学校６年生　絵の先生の教室で

小学校６年生　慶應幼稚舎の卒業式で

中学校３年生　サッカー部の夏合宿　新潟・岩原

大学２年生　スキークラブの合宿で

高校２年生
逗子の家で謎のイギリス人と

37歳　テニス大会での真剣な姿

30歳　父と二人　沖縄・久米島ダイビング行

夏の湘南の海　裕次郎メモリアルヨットレースにて

新 潮 文 庫

石原家の人びと

石 原 良 純 著

新 潮 社 版

7076

目次

石原家の人びと

プロローグ

日曜日に鍋《なべ》を食べた。

実家でのカキ鍋は、六人掛けの大きなダイニングテーブルの中央にデパートの包装紙が敷かれ、その上に卓上ガスコンロが置かれる。包装紙は箸《はし》使いが今一つおぼつかない石原家の人間、特に僕と親父《おやじ》の食べこぼし対策。

「良純《よしずみ》、カキは」と母親。

「ほらっ、野菜も食え」と親父。

親子三人での夕食はカキを取り合うわけもなく、和やかに時が過ぎる。

「アレッ」。熱いカキを口の中でハフハフしながら「ウチの夕食って、こんなだったっけ」と僕は考えた。

「うるさい、静かにしろ」

「早く、来んか」

「お前等くだらん質問をするな」

「いい話をするから、よく聞け」

「飲め、さもなくばテーブルを去れ」

「おい、走りに行くぞ」

「お前のフォームは醜くて嫌だね」

「俺ほど有能なインストラクターはいない」

「親の手伝いをしない息子は勘当だ」

「大橋巨泉を殴ってやる」

「カレーが腐っている、みんな食べるな」

「皆、バカばっかり」

親父はウチでも外でも怒鳴っていた。

母親は男ばっかり四人の子供と、なにより手の懸かる親父の世話に追われて、

「お父さんが起きるまで、静かにしなさい」

「起きるまで、庭に出てはいけません」

「ドアをバタンと閉めてはいけません」

「早く、寝なさい」

「起きなさい」

「ケンカしないの、仲良くしなさい」

「おばあちゃまがいたから、私はやってこれた」

　とやっぱり怒鳴っていた。

　五つ違いの長男は「おもちゃを僕に売ればいい」「お前はハムサンドがいいよな」と僕を搾取《さくしゅ》する。

　二人の弟とは「お兄ちゃんが、おもちゃ取った」「順番抜かした」「いじめた」と取っ組み合いの喧嘩《けんか》が絶えなかった。

　そんな我が家へ裕次郎叔父は、ファンファンとクラクションを鳴らしてガルウイングのベンツに乗ってやって来た。

　夏休みには僕等が成城を訪ねる。「オウ、来てるのか」「いっしょに泳ごう。飛び込んでみろ」とマコおばちゃま共々、僕等を歓待してくれた。

慎太郎、裕次郎兄弟の父、僕にとっては祖父・潔《きよし》は、汽船会社の重役。親父が高校生のとき亡《な》くなっているから、もちろん僕は会ったことはない。それでも何日も料亭に居続けて「着替えを店に持ってこい」と祖母に命じたという武勇伝を漏れ聞く。

祖母・光子《みつこ》が八十三歳で逝去したのは九年前の一九九一年。裕次郎叔父の大動脈瘤《りゅう》手術の際にも「裕次郎は死にませんよ」と言ってのける明治女は、信念の人だった。

『親父』『お母さん』『シンタコ』『残し男』『マンガ君』『ぶりちゃん』『裕次郎叔父ちゃま』『マコおばちゃま』『ドンちゃん』『おばあちゃま』の石原家。

僕の知る家族像は、日本の典型的な家族とはかなり趣を異にしているのかもしれない。ならば、やっぱり僕が書き留めておこう。楽しい記憶が薄れぬうちに。折から都知事選挙、叔父の十三回忌法要、祖父の五十回忌法要と石原家の重大行事が続いたこの一年、僕は作業に着手した。

コトコト、コトコト。鍋が煮つまって、だしが濃くなるように、話の内容も密度を増していく。やっぱり石原家の食事は楽ではない。他人が見れば喧嘩しているのかと思うくらい、早口で声高の言葉のやりとり。最近は行き着く先が決まっている。親父が一段と大きな声で僕に問う。

「小説書いているか」

「結婚しないのか」

そこで僕はグエッとカキを喉《のど》に詰まらせた。

だが、「なんだその服は。センス悪いな」、そんな次の一言には黙っていない。独断で極《き》めつける言葉は、四十にもなる男に面と向かって言うセリフか。趣味が違う、好みが違う、だいいち親父とは時代が違う。ムッとした僕は言葉を手繰って親父と真っ向渡り合う。

これぞ石原家の食卓。

賑《にぎ》やかに揉《も》めなくては消化に悪い。

崖《がけ》の上の家——父・石原慎太郎の作法

『だんご』と都知事選

一九九九年四月十一日夜半の新宿は春の嵐《あらし》。

プレハブの仮設事務所の中では、大きな雨粒が低い衝突音を立ててトタン屋根を叩《たた》きつけるのにも、飛沫《しぶき》が青梅《おうめ》街道の路面を真っ白く煙らせるのにも、誰も気付かない。うなぎの寝床状に細長いフロアの一番奥に鎮座する必勝ダルマの前に都知事当選の記者会見場は用意された。畳一畳ほどの演壇を取り囲むように二十台余りのテレビカメラと、百台以上のスチールカメラの砲列が並ぶ。

少しでも良いアングルを手に入れようと皆がわずかな空間めがけて身をよじる。最前列の記者は胡座《あぐら》をかいて床に座り込み、脚立《きゃたつ》に乗ったカメラマンは頭を押さえ付ける低い天井を片方の手で押し返す。「押すな」「立つな」と怒号飛び交うなか会見は始まった。

それは作家であり、ヨットの名スキッパー（艇長）であり、話の面白い先達であり、テニスの好敵手であり、ゴルフ仲間であり、飲み友達であり、そして僕の親父《おやじ》である石原慎太郎の政治家として現役復帰の瞬間である。

＊

数分刻みのタイムスケジュールで、各テレビ局の生中継が入る。トップのＮＨＫのインタビュアーは、顔見知りの森本健成アナウンサー。片手にマイク、片手で耳のイアホーンを押さえて、中継車からの合図を待つ姿に緊張が見てとれる。細かく動く目線を捕まえて、こちらから微笑《ほほえ》みかけても表情は硬く動かない。短く辛辣《しんらつ》な言葉でバッサリとレポーターを斬《き》り捨てることに喜びを感じ、ますますその切れ味に磨きをかけた親父との対決を目前に、全神経を集中しているに違いない。

テレビ番組が、日本語をどんどん破壊していくことに憤《いきどお》りを感じている親父が、ワイドショーのレポーターと決定的に対立するようになったのは、叔父・裕次郎が亡《な》くなったときの一連の報道だ。

「今のお気持ちを」「悲しいですか」と神妙な顔で同じ質問を繰り返す女性レポーターに、遂《つい》に親父はキレた。

「カメラを止めろ。お前等くだらん質問をするな。人にものを尋ねるなら、勉強してから来い」。まさか取材に来て怒鳴られようとは思ってもみなかったレポーター陣は、目をマン丸くして驚いた。つまらん質問をする方もする方だが、マスコミに携わる人間ならば、怒鳴る方も怒鳴る方だ。

それにしても人を怒鳴ったり、大声出したりするのは健康に良いらしい。肩も凝らなければ、ストレス発散にもなる。僕は親父がレポーターを怒鳴りつけるのを、人に甚だ迷惑な親父一流の健康法とみている。

いよいよ生中継が始まった。ADが合図を送り、一呼吸おいて森本アナウンサーが「おめでとうございます」と挨拶《あいさつ》するや否《いな》や、いきなり親父が切り返す。「君は、横田に行ったことあるかね」。一瞬、言葉に詰まりそうになりながら、「はい……、あります」「それならよろしい」。聞き手が語り合うべき話の内容を、把握していることを確認してからインタビューに応じる。

ここで親父と三十七年の付き合いの僕から、森本さんに一つアドバイスするならば、せっかくＹＥＳと答えたならば、あとに一言、何か自分の言葉を付け加えるのがいい。それが言葉を重んじ、言葉に生きる作家石原慎太郎の信頼をかちえるコツだ。それにしても、あんなに不機嫌そうな顔して、出会い頭に意地悪言ってから会見する当選者は他に見たことがない。

テレビで見慣れた当選御礼の光景は、笑顔の候補者と夫人が連れだって登場となる。しかし、今回ばかりは息子四人も揃《そろ》ってカメラ前に並ぶことになった。自身も政治家である兄貴はともかく、全員で登場となったのは、大ヒット曲『だんご3兄弟』の影響に違いない。どこか懐《なつ》かしさを覚えるタンゴのリズムに乗って歌うこの曲のおかげで、兄弟は一列に並ぶのが、この春はトレンドだ。

事務所の人の言うことには、ダルマの目を入れる時に兄弟四人でダルマを持ち上げる、親子の協力、家族愛が今回のテーマだそうだ。だったらもっと大きな演壇を用意しておいて貰《もら》いたかった。カメラの前に出てみたら、台に乗れたのは、親父、母、兄貴の三人だけ。一段低い後列の残りの三人は、前が何も見えやしない。ということは、前からも見えやしない。僕は俳優だから、ギャラが出ないテレビには映らなくても構わない。だけど三男の弟は、バンコクから休暇を取って応援に帰国していた手前、銀行の同僚に自分の勇姿を見せるべく衛星放送に映ろうと必死で跳ねている。よほど前列の三人を押してやろうかとも思ったが、大人気ないから止《や》めた。

いよいよダルマに目を入れる。進行役に促され両手で担《かつ》いでみると、こいつが思った以上にバカでかい。ダルマさんの赤い衣で目の前、真っ赤。結局、目入れのスチール写真には、僕の姿は一枚も写っていなかった。「台がぐらつくから足で押さえろ」と後ろを振り返り兄貴が囁《ささや》く。「また長男にやられたよ」と思いながら、約二時間の会見中、僕は気を抜かずに台の端をふんづけていた。

♪ある日兄弟げんか♪でも、すぐに仲なおり♪チャンチャン。

この選挙、僕にとっては『だんご』で始まり『だんご』で終わったようなものだ。家族が『だんご3兄弟』の話題で盛り上がったのは、ちょうど、出馬会見の直前の週末だった。

その晩は母親から、親父と一緒に皆で家で食事しないかと電話があった。「石原は出る」「出ない」と巷《ちまた》が大いに騒がしい時期、これはいよいよ重大発表かと、勇んで実家へ出かけて行った。ところが行ってみると、兄貴家族は子供が熱を出した

都知事選で当選が決まる　新宿選挙事務所にて〔1999〕［写真：産経新聞社］
(右から良純、母・典子、三男・宏高、四男・延啓、父、長男・伸晃)

父の67歳の誕生日に集まった家族　姪や叔母の姿もある
代官山のレストランの庭で〔1999〕

とかでドタキャン。三男は海外勤務。結局、両親と僕と画家の四男、四人の晩餐《ばんさん》となった。そこで出たのが、CDが発売されたばかりの『だんご』の話。♪弟想《おも》いの長男。兄さん想いの三男。自分がいちばん次男♪「♪自分がいちばん次男♪とは、石原家には当てはまらない」と次男の僕が文句をいえば、「最近の団子は三つ。四つ目は串《くし》にも刺してもらえない」と四男が憤慨する。それを笑って見ている〝本当は自分がいちばん長男〟の親父。どこにでもありそうなたわいもない会話。今にして想えばこの一家団欒《だんらん》は嵐の前の静けさといったところか。

選挙告示直前の二月は、よくゴルフに行った。知事選に想いを巡らしての気晴しか、何も考えてないけれど、ただゴルフしたかっただけなのかは知らないが、四週続けて親父とプレーするはめになった。元来、友達が多いとは思えない親父にとって、人数合わせにも、二人だけでプレーするにも、僕は気楽に誘えるゴルフ仲間に違いない。

四週間前、午前のラウンドを終えクラブハウスで昼食を取っていると、中曾根《なかそね》元総理が食堂に入ってくる。親父の顔を認めるとテーブルに笑顔で近づいて、親父と親しげに会話を交す。

漏れ聞こえる言葉には、「君の著作『法華経《ほけきょう》を生きる』を読んだよ。あれは私の哲学と一緒だね」と、元総理は笑っておられた。

柔らかな日差しの中で、ようやく緑に色づき始めた草木を眺め、互いの人生哲学を和やかに語り合う。のどかな休日の昼下がりのスケッチだ。

三週間前、ゴルフの後、夕食を終え、親父を送り届けて自宅に戻る。何の気なしに点《つ》けたテレビ画面に、禿《は》げ頭の政治評論家の得意顔が大写しになった。話題は都知事選。「石原は絶対出る」と力説している。こっちは、その当の本人と一緒に食事をしてきたばかり。本人の口からは選挙のセの字も出やしなかったではないか。「何を戯《ふざ》けたことを」と最初は冷めた視線で僕は画面を見つめていたが、五分、十分、十五分と、出馬は既成事実のごとく説き続ける評論家の自信満々な語り口に、僕の気持ちは揺らぎ始める。最後には、「やっぱり選挙に出るんだ」とすっかり一般視聴者へ同化してしまった。なるほどテレビの力は恐ろしい。

一週間前、昼食のクラブハウスで、再び中曾根氏にお目にかかると、前回とはうって変わった氏の厳しい顔色。親父を手招きし、自分のテーブルに席を勧めると顔を近づけジッと親父の話に聞き入っていた。この時、老練な政治家の勘は、親父の心緒を読み取っていたのかもしれない。僕は元総理の表情に初めて、身近に都知事選を感じた。

あの出馬表明直前の『だんご』の晩、何も話はなかったが、親父の出馬の意思は九割方、固まっていたのだろう。ただ残りの一割が問題なのだ。ゴルフの当日朝のキャンセルが当り前のように、ことが都知事選挙でも親父に関しては、現実に事が起こってみるまでは何が起こるか分からない。本人が意思を決めて、本人が行動を起こすまで、周りの人間はただ成り行きを見守るしかすべはない。家族は好むと好まざるとに拘《かか》わらず、その言動に巻込まれる。ならば何が起ころうとも驚かない覚悟だけは決めておくのが、長年培《つちか》われた家族の知恵。親父の言動に驚かされるのは今に始まったことではないのだから。

妖気《ようき》を感じた親父の部屋

長柄《ながえ》のトンネルを抜け国道百三十四号線を直進すると、直《す》ぐ左手に海が広がる。左に緩く弧を描く逗子《ずし》の海岸。砂浜がとぎれたあたり、小高い山の崖《がけ》上に昭和四十年、流行作家石原慎太郎は居を構えた。高校生でディンギーを操り、三十代には、太平洋や南シナ海を渡る外洋ヨットレースで艇長（スキッパー）を務め、自ら『キャプテン・シンドバッド』と名乗る親父にとって、逗子、葉山の艇の出入りが一望できるそのロケーションは限りなく魅力的だったに違いない。

眼下に逗子湾。向こう岸は鐙摺《あぶずり》漁港。その向こうに葉山の海が広がり、名島の赤い鳥居まではっきりと見える。この崖の上の地は、ある日ぶらりと散歩に出かけた親父が、偶然に見つけてきたと聞く。家に戻った親父は、何の前ぶれもなしに新しい家を建てることを告げ、この土地を買ってくるように母に命じた。

当時の親父のイメージといえば、とにかく〝恐《こわ》い〟の一言。実際には親父は家にあまりいないから、こっぴどく叱《しか》られただの、ひっぱたかれただのという記憶はない。がとにかく恐かった。恐いから目を合わせない。だから子供の僕は、親父の顔をよく知らずにいた。

当時のスナップを見ると、雑誌の取材らしく家族全員がニコニコ笑っている。だが、親父だけは笑っちゃいない。カメラレンズの向こう、そのまた向こうを、殺気さえ孕《はら》んだ鋭い視線で見据えている。こんな目で見られたら小さい子供が怯《おび》えるのは当り前だと、今さらながら頷《うなず》ける。

忽然《こつぜん》と崖上に現われたこの家を見上げた人間は、その城塞《じょうさい》とも、大きな岩の塊とも思えるシルエットに、居住者同様の、ある種の殺気を感じたかもしれない。

切り立った崖の中腹を造成した敷地は、南北に細長く、西に山、東に崖。空から見下ろせば、ちょうど航空母艦のようにも見える。そのド真ん中に当時の流行の最先端、鉄筋コンクリート打ちっ放しの二階屋がドンと鎮座する。

建物の中央に大きな鉄の二枚扉。扉を開くと、シャンデリアが照らし出す吹き抜けの玄関ホールに、バカでかい階段が真っ直ぐ二階へと伸びている。この玄関ホール、階段、二階の回廊だけで、建築容積の半分を占めている建物は、子供の僕等はもちろん、母も一切知らぬ間に、親父と新進気鋭の建築家によって設計がなされた。日々をそこで生活する者を、およそ軽視した建物は、家というより親父のモニュメントとさえ思える。

新居に足を踏み入れた母は、子供部屋が一つしかないことにまず驚いたという。

小学生の長男を筆頭に男三人。もうすぐ四人目も生まれるというのに、子供部屋は、たった一つ。かたや書斎、書庫、アトリエ、プレイルームと親父占有のスペースが家中に溢《あふ》れていた。

間取りだけの問題ではない。小さな子供は楽々と支柱の間をすり抜けて落ちてしまう、階段と二階回廊の手摺《てす》り。滑って頭を打ちつけたら大人でも危ない大理石の床やコンクリートの柱。子供を育てるには最悪の条件だったと、家をあずかってきた母は笑う。

一番大きな部屋は、『サロン』と呼んでいた客間。大ぶりのソファーに、厳《いか》ついダイニングテーブル。サイドボードの上には、親父の自慢のヨットレースのカップを始め、落として壊しでもしたら、とてつもなく怒られそうな代物《しろもの》が並ぶ。いつでも大人のお客を迎える準備が整ったこの部屋には、子供は滅多に入れなかった。新しい家は広くはなったが、結局、子供の僕等の生活空間は、子供部屋と居間のテレビの回りだけに限られていた。

階段を見上げると、左右に二枚のドアが見える。左の重たい防音扉で仕切られているのが、親父の寝室兼書斎部屋。子供がそこに入るのは、何か問題をしでかしたときだけ。親父《おやじ》の前に立たされて、涙がボロボロとこぼれ落ちる。ガチャリと開き、ズシンと閉まる扉に、いつも妖気を感じていた。

数年前に、一度だけこの部屋を使わせてもらったことがある。もはや部屋に妖気は感じない。昔はバカでかく思えた椅子《いす》も机も、今の僕の体格にはすんなりフィットする。電気を消して大きく堅いベッドに身を横たえる。シーンと広がる暗闇《くらやみ》の向こうから、入り江を渡る風や浜に砕ける波の音が聞こえてくる。その時、この家は、この部屋で眠る人のために存在することに気が付いた。

石原家の正月

親父が帰っている朝は、子供の僕等も母親も、家中が息を殺して親父の目覚めを待つ。声高な子供の会話は、一オクターブ下げたヒソヒソ話。テレビのボリューム、ドアの開け閉めはもちろん、水道の蛇口を捻《ひね》るのにまで細心の注意が払われた。睡眠が人生の活力源、眠りをなによりも尊ぶ親父の安眠を妨げようものなら、どんな

庭から見たわが家　思い出がいっぱい詰まっている（近影）

玄関ホールから二階に伸びる大階段
だが子供部屋は一つしかなかった……

白い城塞のような家の玄関前に立つ父
〔1971〕（撮影・田沼武能）

厳罰が下されるやも知れない。

黒く厳つい外国製の親子電話が鳴ったら、それが親父が起きたという合図。ビービーとけたたましく鳴る音は、「早く誰か部屋に来んか」と、親父の怒鳴り声にも聞こえる。受話器を取り上げた母親と、最初に目が合った兄弟の誰かが、直ぐさま二階の寝室に新聞を届けに行かなければならない。

一般紙五紙とスポーツ紙三紙。新聞を両腕いっぱいに抱えながら、寝室の重たい扉を少し開いて中の様子を窺《うかが》う。大きな窓のカーテンがほんの少し開かれているだけで、外から真昼の光が室内を明るく照らし出す。親父の居場所を確認しようと視線を動かす間もなく、ベッドに横たわる親父から「オウッ」と低く声がかかる。新聞を放っぽり出して、さっさと退散したいところだが、そう簡単に逃げられやしない。朝の用事を矢継ぎ早に言い付けられる。

まずは、カーテン開け。左右全部を、きちっと開けないと怒られる。次に、乾布摩擦の手伝い。ベッドに腰掛けた親父の背中を、亀《かめ》の子だわしで力強く、長いストロークで擦《こす》る。手を抜けば、また怒られる。台所のジューサー・ミキサーの音が鳴り止《や》んで、母親がリンゴとニンジンのジュースを持って来るまで、従順に親父の身の回りの世話に勤《いそ》しんだ。

親父が起きなければ庭にも出られず、声も出せない。起きたら起きたで、次々に用事を言い付けられる。子供の僕等は、滅多に顔を合わせない親父が、ずっと家にいなけりゃいいと、確かに思っていた。

それでも一年に一度だけ、新聞を運ぶのを心待ちにしている日があった。それは、正月元旦《がんたん》。内線電話がビーと鳴れば、兄弟四人が先を争って寝室へ駆けつける。もちろん狙《ねら》いは、お年玉。カーテンも乾布摩擦も、四人で分担すれば、作業はあっという間に片付く。やるだけやったら、兄弟は一列に親父の前に並ぶ。

「今年は、お年玉はナシ」。そんな親父の冗談にも、この日ばかりは僕等は動じない。前夜、母の鏡台に伸晃《のぶてる》、良純《よしずみ》、宏高《ひろたか》、延啓《のぶひろ》と一人一人の名前が書かれたお年玉袋を確認済みなのだから。

「良純君、おめでとう」。皆の前で一人ずつ名前を呼ばれて、お年玉は手渡される。のし袋に筆で書かれた、左利《き》きの親父独特の文字。冬晴れの空の下、キラキラと輝く逗子の入り江。それは、新年にふさわしい、神聖な儀式のようにも思えた。

だが、あのお年玉袋の大きさだけは、今思い出しても腹が立つ。どう見ても、兄貴のだけ大きなお札が入っていたに違いない。年齢に応じて四段階というのなら、それでも結構。ではなぜ、僕と弟達は同じ大きさの袋だったのか。〝長男の親父〟と〝長男の兄貴〟。二人はグルだ。これを次男のひがみと言うなかれ。長男とその他の兄弟を区別する、長男優遇の生活習慣は、昔も今も石原家には歴然と存在している。

家にはいないはずの親父が、ずっと家にいる正月休みは、子供にとって生活のリズムを乱される日々となる。街から離れた崖の上の一軒家のこと、年末年始に、訪ねてくる人もいなければ、人を訪ねて山を下りることもない。親父と兄弟四人だけで遊ぶこの一週間に、一年分の親子のスキンシップがひっくるめられていた。

ところが、正月は家族が揃《そろ》うものと自ら望んだこの状況に、最初に我慢できなくなるのも、やっぱり親父だった。子供には、友達との外出も許さないその当人が、元旦も過ぎれば落ち着かない。しきりにどこかに電話して、遊びの段取りを組んでいる。翌朝、セールバッグ片手に、艇に乗りに出ていってしまう。「子供は三箇日は、家から出るな」と言い残して。

逗子の家の庭で　右端が6歳の著者〔1968〕［写真：小学館］

グアム島の磯で父と

弟の七五三
鎌倉・鶴岡八幡宮の太鼓橋で

子煩悩《ぼんのう》の遺伝子

都知事選の立候補が決まった直後に、親父が『NEWS23』に出演した。インタビューの最後に「長男の伸晃さんは自民党ですが、選挙は手伝われるのですか」と筑紫《ちくし》哲也《てつや》さんに聞かれた親父は、「親の手伝いをしないような息子は勘当だ」と笑って答えた。

これぞ正しく、親父が思い描く単純明快な親子関係。子供が大きくなっても、親は親、子供は子供、その関係に変わりはない。親には親の都合があって、子供に子供の都合はない。子供は親の都合に左右されるもの。親父にとっては議員になった兄貴も、「キャッチボールするぞ」と命じた子供の兄貴も変わりはないに違いない。「お父さんが、せっかくやろうと言ってるんだから」。母親のそんな一言が、命令口調の親父と子供の僕等の間をとりもった。庭で、親父と一緒にサッカーやキャッチボールが始まる。

もし今、サッカーボールを蹴《け》ろうものなら、母屋《おもや》のガラスを粉砕しそうな庭も、子供の僕等にとっては充分なグラウンド。ボールは柔らかいバレーボール。ゴールに見立てた居間のサッシに向かって力一杯、蹴り込んだ。

庭で一緒にボールを追いかける親父は、寝起きの寝室に朝刊を運んでいくと「オウッ」と声をかける時よりも、テレビのチャンネルをナイターに変えろとギロッと睨《にら》む時よりも、ずっと恐くはなかった。

それでも、叱られている最中に言い訳する以外、滅多に口もきかない僕等は、ボールを熱心に追いながらも、親父の機嫌が悪くならないように、と気を遣っていたのも事実だ。

忘れえぬ思い出は、公園で野球のノックを受けていた時のこと。ノックのボールを、ブンと空振りした親父は、おっとっとっと、そのままバランスを崩し、池にジャボンとはまってしまった。守備に着いていた僕と兄貴は、大失敗の親父の姿に顔を見合わせ大笑いしたものだ。

そして、更に驚いたのは二十年後。何かのおり、この話を親父にすると、あれは元気のなかった僕を笑わせようと、わざと池に落ちたのだと言う。確かに当時の僕は、医者に行ったり、お灸《きゅう》に行ったり、神経質な不眠症児童であった。子は親に気を遣いながら遊んでいたが、親も子に気を遣って遊んでいたとは、二十年目の発見だった。

子供にとって一番迷惑なお誘いは、ランニング。部活でグラウンドを回らされるのは仕方なくても、何を好んでえっちらおっちら、道を走れようものか。親父がランニングに出る気配を察知すると、僕等は皆一斉に姿を隠した。それでも、親父はトレーニングウェアを着込み、襟元にタオルを捲《ま》くと、一人で海岸目指して駆けていった。

以来、一日一回汗をかかないと収まらないスポーツ中毒の親父のランニングは、今も続いている。時間がなければ仕事の帰り道、車内でウェアに着替え、途中で車を降りて走って帰ることもある。大臣在任中など、警護のSPまで背広姿に赤いネクタイをたなびかせて走っていた。

ところが今では僕が、額に噴き出る汗を拭《ぬぐ》いもせずに黙々と走る、ランニングの刹那《せつな》的な喜びにはまってしまっている。自宅にいようが、ロケ先にいようが、時間があれば走る。海外ロケにもジョギングシューズを持参して、見知らぬ街を疾走する。十キロ、二十キロは朝飯前。この二年は、連続してフルマラソンを走ってしまった。

走りながら、あれこれ考えるのは楽しい。何も考えないで走るのも楽しい。街を走れば、季節の移り変わりを感じ、自分だけしか知らない景色にも出会える。

人は、いろんな理由で走る。僕を走らす原動力の一端が、遺伝子なのは間違いない。

〝自分の思いのままに生きる親父に、時おり一方的に押し付けられるコミュニケーション〟。子供時分の親子関係をこんな一行に括《くく》ろうとすると、母親はきっぱりそれを否定する。

親父の親父、僕の祖父ほど子煩悩な人はいなかったと聞く。当時は珍しかった写真機をいつも持ち歩き、何かにつけては息子慎太郎、裕次郎兄弟を写真に収めたという。母いわく、祖父同様に親父も、「あんなに子煩悩な父親はいない」という。その割りに僕の運動会、学芸会、展覧会の類《たぐい》にはいっさい現われた記憶もなければ、弟の小学校受験では父兄面接をサボりそうになって大騒ぎになったとも聞く。

親父の子供への愛情は、突然、ちょっと違ったかたちで現われる。一九七二年、中米ニカラグアで大地震が発生し数万人もの死者が出た。雑誌はこぞって現地の被災状況を特報し、記事は次第に東京の地震の危険性へとリンクしてゆく。そこで巷《ちまた》を騒がせたのが、翌年の『十二月一日、関東大地震説』。

十二月一日は土曜日だったと、僕ははっきり記憶している。当日は兄弟揃って学校は休み。地震に備えて終日家にいるように、親父の厳命があったからだ。当時、小学校六年生の僕にさえ、予言のおかげで学校を休むのは、阿呆《あほ》らしく思えたものだ。兄弟で、いつものように庭でキャッチボールしたり球を蹴っても、何か気まずく、遊びは盛り上がらなかった。

更に、この一件は尾をひいた。週明けの学校で、地震怖さに学校をサボったことがクラスの皆にバレた。「石原君ずる休み」「地震でずる休み」と男の子も女の子も大騒ぎ。担任の先生にまで「そんなことで休んではいかん」と笑いながら叱《しか》られた。地震怖さに学校を休む奴《やつ》など、今の時代なら、いじめられっ子へ転落するに違いない。

友達と出かけるようになったスキー場にも恥ずかしい思い出がある。いい歳《とし》の男の子の宿に、親が電話をかけてくるのは我が家だけ。それも決まって親父がかけてきた。「雪崩《なだれ》に用心しろ。崖《がけ》に近づくな」と真顔で心配する。スキー場に斜面はつきものだ。

息子を心配する当の本人は、ヨットで太平洋を渡り、スクーターで南米大陸を横断する勝手気ままな冒険家。

それでも、石原家の遺伝子には子煩悩が刷り込まれているのは事実なのだ。普段、顔を合わす機会が少ないからこそ、親父は突如、過保護者になってしまうのだろう。そんな親父のことを僕等はかげで『心配障害者』と称して呆《あき》れていた。

いまだに僕が海外ロケに出ることを聞きつけると、出発前夜、電話をかけてよこす。「水に気を付けろ。食べ物に気を付けろ。現地の女に気を付けろ」。

「飲め、さもなくば去れ」

理想の父親像を、親父が自分勝手に思い描き実践する我が家では、その生活習慣が他の家とはだいぶ異なっていた。なかでも友人に不思議がられたのは、夕食が完全二部制だったこと。

夕方六時、卓球の真似事《まねごと》もできるほどの大きなテーブルを、家族が囲む。真ん中に祖母、左が兄貴で右が僕。反対側に、弟、母、弟の席次。親父《おやじ》は子供の頭数が揃っているか確かめにでも来たのか、ちらっと食堂を覗《のぞ》いても、席に着くことはない。女、子供の夕食は六時、親父は七時、と夕食は別に食べるのが石原家の習いだった。

今の僕には四人のガキ共と一緒に食事したくなかった親父の気持ちは、分からぬこともない。育ち盛りが四人もひしめく食卓は、毎日が戦いだった。おかずを取り合い、椀《わん》をひっくり返し、米粒を食べこぼす。ある日、泊りに来ていた独りっ子の友人は、その勢いに怖《おそ》れをなし、夕飯のおかずを何も食べられなかったという。

兄弟が大勢いる食事にも利点はある。特に、僕のような偏食児童は、苦手な食材を皿に残しても、誰かが食べてくれる。家では一度も、母親から好き嫌いを注意されたことはない。

親父の食事は、ガキ共に荒らされた食卓がきれいに片づけられ、料理が暖かいうちに手際《てぎわ》よく配膳《はいぜん》される準備が整ってから始まる。母親の手伝いもせず、寝転んでテレビを観《み》ていた僕らは、廊下に親父の足音をきくと、そそくさと子供部屋へ引きあげる。それでも、テレビのマンガに目がくらみ逃げ遅れた最後の一人は、配膳役を仰《おお》せつかることになる。

酒が早くから許されたのも不思議な家風。第二次性徴が一段落する年齢、高校生になれば晩酌にビールの一本も、勝手に冷蔵庫から取り出していた。石原家では、さながら酒が大人への登竜門。酒を飲むようになった息子は、女、子供の食卓から、親父と一緒の食卓へ昇格する。

酒と料理の相性、季節によっての酒の飲み方。貯蔵法からグラスの持ち方まで、偏食は直されなくても、酒の飲み方はみっちり教わることになる。

親父はカクテルブックを持ち出して、好みの一杯を僕等に作らせる。教材になる酒は、ブランデー、ウイスキーはもちろんのこと、ジン、ウォッカ、テキーラ、ラム、ペルノー。ホテルのバー並に揃った酒を数え上げたら切りがない。最初は見よう見真似のカクテルも、兄貴はマティーニ、僕はダイキリが得意技となった。

一旦《いったん》酒を飲むようになったら、今度は飲まないことは許されない。どんなにひどい二日酔いでも、親父と一緒に食事するなら、酒はついて廻る。

「酒を飲め、さもなくば、このテーブルを去れ。酒も飲まずに食事する野蛮人とは、飯は食えん」

飲まぬ者は、飯にはありつけない。

酒は文化。食は文化。二つ同時に味わってこそ本当の文化を知る。グラス片手に、酒にまつわる話を聞く夕食は、それまでの恐《こわ》いばかりの親父との時間を楽しみに変えた。

思い出の一杯といえば、初めて行ったゴルフ場のジントニックが真っ先に浮かぶ。クラブハウスのベランダで、風呂《ふろ》上がりのジントニックは、大きな錫《すず》製のジョッキで飲む。ゴツゴツ厳《いか》つい氷にジンはダブル。ジュワッとトニックウォーターを注ぎ、ギュッとハーフカットのレモンを搾《しぼ》り込む。唇がはりつく凍ったジョッキの感触と、喉《のど》を切るような炭酸とレモンの酸味。胃の粘膜を焦《こ》がすジンのアルコール。それは僕が初めて体験した大人の味だった。

しかし、今にして思えば、あの時よくもまあ、親父は僕や兄貴や母親をゴルフに連れて行ったものだ。僕にとって生まれて初めてのラウンドは、父母、兄弟、四人のドロー。そんな家族連れゴルフがまともであろうはずもない。フェアウエイを尺取り虫よろしく球を転がしていく母親はまだしも、右の林で左の林でキンコンカンコン、ところ構わずクラブをブン廻す若い二人は、乱暴者の危険人物だった。

山を越え谷を渡りちっとも芝生の上を歩かなくても、大きな穴を掘ったり球の横っ面《つら》を叩《たた》いてニコニコボールを作って手が痺《しび》れても、初めてのゴルフは楽しかった。それ以上に、クラブハウスをカチャカチャとスパイクシューズで歩く自分が、大人の仲間入りをしたようで嬉《うれ》しかったことを思い出す。

高校生の初ラウンド以来、今も親父とのゴルフ対決は続く。ティーグラウンドに立てば、親も子も関係ない。男の名誉をかけた真剣勝負。

老いたとはいえ、その昔はバイクの後ろにクラブをくくりつけ、江の島あたりの砂っぽいゴルフ場に通いつめた元シングルプレーヤーは、なかなか手強《てごわ》い。それでも親父の球をはるかに数十ヤードもオーバードライブする僕の飛距離が悔しくてたまらぬらしい。「俺が若い頃は、一打であのバンカーに入れた」「グリーンに届いた」「突き抜けた」と、昔話の中で飛距離はぐんぐん伸びていく。

更には、僕のオーバースイングをつかまえて、「お前のメチャクチャなフォームも、若い頃は青春の無軌道さみたいで可愛気《かわいげ》があったが、三十過ぎると、意固地な老人が人の言うことも聞かないでクラブを振り廻しているみたいで、醜くて嫌だね」とまで言う。弁が立ついじめっ子を、口先で相手をしてはいけない。チラッと顔色を窺《うかが》って、ニヤッと笑って、ガツンと球をひっぱたけば、おのずと相手は黙る。

ゴルフ同様、テニスでも親父とは長年の好敵手である。

その昔は、自転車に乗ったり縄飛びしたり子供の遊び場だった玄関脇《わき》の駐車スペースを、「ホラ、どかんか」の一言で僕等を追い払い、テニスの壁打ちを始める親父に、親父とテニスの両方を憎んだものだ。

そんな僕が、テニスに目覚めたのは高校時代。テニスにもやっぱり酒が絡《から》む。ビールをおいしく飲むために、何でもいいから目一杯、汗をかければよかった。動機はいたって不純であった。

しかし今は、すっかり心を入れ替えた。拾えなかったボールに追いつき、打てなかったストロークを決められることに喜びを感じる。ビールが無くても、全身に汗して無心で球を追っている。同世代の松岡修造に、四十歳、五十歳で勝てなくても、百歳になったら勝ってやる。生涯スポーツとしてテニスに真剣に取り組んでいる僕が、もはや親父に負ける訳はない。年齢を考えたら威張ってもしようがないことでも、主張することは主張しておかないと後で何を言われるか分からないのがウチの家風だから、あえて、ここに明言しておく。

「いい話をするから、よく聞け」

二部制の食卓も、兄弟皆が酒を飲むようになると親父中心の一家団欒《だんらん》に変わっていった。その食事風景は、家風を如実《にょじつ》に物語る。何か言われたら、ちゃんと言い返さなければ立場がなくなる。聞かれたことには、はっきりと自分の意見を述べる。聞かれなくても、大きな声で意見を述べる。早口で辛口なトークで応酬する。

親父は酒好きで美食家であると同時に、無類の会話好き。いい酒があっても旨《うま》い料理があっても、楽しい会話がなければ食事は完結しない。

話題は身の回りの出来事から、政治、経済、芸能ネタまで何でもかまいやしない。まずは、広く浅い知識が要求される。ひとたび話題から取り残されたり、振られた質問にしどろもどろになれば、親父はもとより兄弟からも冷たい視線を浴びることになる。だから僕は、毎日欠かさず新聞にはしっかりと目をとおす。

もちろん何でもかんでも、しゃべればいいというものではない。いかに面白い話題を選び、いかに面白く話して聞かせるか。内容を多少デフォルメしたり脚色するのは、作家の家の食卓では当り前のこと。各自の話術の技量が問われる。

そこで家族に認められたおもしろ話は、皆の口伝で外へと拡《ひろ》がる。石原家には、誰が言い出したのか分からない持ちネタが常にいくつかある。そのうえ更に、親父が気に入ったフレーズは、著作となって雑誌の誌面に登場することもある。

先年ベストセラーになった親父の著作『弟』にも、僕が話したハワイ療養中の叔父の姿が、本の中の僕の台詞《せりふ》としてそのまんま登場していた。

気付いた僕は、早速、人の言葉を勝手に使うなと著作権の抗議をする。「良純が言ったのは、始めの二行だけ。あとの三行の台詞は僕がつけた。それが小説というものだ」と軽くいなされた。

言葉を盗むのも小説家の商売の一部ということか。なるほど親父の会話好きは、趣味と実益を兼ねている訳だ。

その昔、崖の上の家では毎年夏、花火大会の晩に親父がヨット仲間を集めてパーティーを催していた。その日は朝から、酒屋さんやら氷屋さんやら肉屋さんやら、ひっきりなしに配達がある。台所では、母親を先頭に何人もが手分けして料理を作る。若いヨットのクルーはバーベキューの火を起こし、氷を割る。サロンにはバンドの楽器が運び込まれる。パーティーの準備は子供心にもときめいた。

夏の日が落ち、花火を合図にパーティーは始まる。バンドのリズム、グラスの触れあう音、人々のざわめき。しかし、ここらで僕等はタイム・アップ。「早く寝ろ」と子供部屋へ追いやられた。

このパーティー、聞くところによると終わり方だけは決まっていたという。どんなに盛り上がっていても、ある瞬間に、親父はプイと二階の書斎へと席を立つ。ホストのいなくなったパーティーは、尻《しり》すぼみに終宴する。

二階に上がった親父といえば、パーティーで見聞きしたこと、人間模様を忘れぬうちに原稿用紙に書き留めていたらしい。

パーティーは突然に終わる、下手すりゃ小説のネタにされてしまう、作家のパーティーなど行くものではない。

聞き上手を自負する親父が、話すことには一層自信を持っているのは間違いない。怒濤《どとう》のように現われて、しゃべりたいことだけしゃべって、嵐《あらし》のように去っていくのが親父のやり口。

ある時、並んでインタビューを受けた。僕が少し口ごもった瞬間、いや、一拍の話の間を置くと、親父が僕のマイクをサッと取り上げた。

日頃は仲の良い親子も、スポットライトが当たれば、男と男の競争になる。レポーターを見据えて親父は言う。「俺が、いい話をするから、よく聞け」。親父とは、いっしょに仕事するものではない。

『熱海《あたみ》殺人事件・サイコパス』の舞台の初日。作、演出のつかこうへい氏は親父が観に来ると知って、わざわざ楽屋で親父を出迎えてくれた。つか先生は、僕がよく頑張ったと、親父に伝えてくれるつもりだったらしい。つか先生が、劇中の僕の木村伝兵衛部長刑事役になぞらえて、「良純には男の美学がある」と褒めてくれた途端、「男の美学？　そんなの無い、無い。あいつはただのデブ、デブ。その点ウチの長男の伸晃は痩《や》せているよ」と同じ断食道場仲間であった兄貴のことを褒めると、さっさと客席に行ってしまったという。さすがのつか先生も呆気《あっけ》に取られ、「良純、俺はお前の兄貴のことなど知らんぞ」と嘆いておられた。

怒鳴り続けた数十年

親父の行動の基本に、正義感があることを僕は認める。ところが、その正義感を裏打ちするのが思い込みと独善的な価値観だから、いらぬトラブルを招く。

親父のかねてからの口癖に、「大橋巨泉を殴ってやる」というのがある。物騒な話だが、過去にどんな経緯があったのか、僕は知らない。

いつかテレビで巨泉氏が、石原裕次郎の悪口を言ったのが発端らしい。弟を悪く言われて、兄は怒った。

ある時三人が出会うと、親父が巨泉氏に殴りかかり、弟が止めた。止める弟に、兄は腹を立て、いつか絶対に殴ってやろうと決心したらしい。

この話、誰が誰に何のために腹を立てているのか、僕にはよく分からない。だいいち、話が古すぎる。それよりも、二十年来殴ってやりたいと思い続ける、親父のファイティングスピリッツには感服する。

ある夏、ヨットのクルーと海の家でカレーを食べていた親父《おやじ》は、やにわにスプーンを置くと、「カレーが腐っている。みんな食べるな」と騒ぎだした。大きな男が、それも石原慎太郎と名の知られている男が大きな声を出せば、店中の客が注目する。奥から店の主人が出てくる。親父は主人の目の前にカレーの皿を突き出し、食えと促す。カレーを口にした主人は己の非を認め、その場は一応かたがついた。

しかし、分別のある大人ならばああいう騒ぎ方はしないだろう。自分だけ黙ってカレーを食べなければいい。「悪いものは悪いと、言ってやるのが店のためだ」。親父は、いじめっ子の目で笑う。

路地から車の前に飛び出してきた子供を怒鳴りつける。エレベーターの中で立ち食いしていたOLを怒鳴りつける。この手の話は、数え上げたら切りがない。

わが家の弱点は体が弱いこと。祖父も叔父も五十代早々で他界している。四人兄弟の誰一人として皆勤賞など縁がない。これは遺伝だと考えた親父は、自分の健康維持に人一倍気を遣う。健康食品を食べ、山のように薬をのみ、病院をはしごし、ダイエットも怠らず、そして驚くほどよく眠る。

しかし結局、親父の健康を支えているのは母親だ。

朝、親父は起きるとまず、パンツ一枚で寝室の体重計に乗る。自分の目方を確認してから、朝飯を決める。母は毎朝、パン、めし、そばの三種類の準備をして、親父からメニューを命じられるのを待つ。

睡眠をこよなく愛する親父に母は夜中でも蚊がいるといっては起こされ、蚊を追いかける。敷布がずれたといっては起こされ、ベッドメイクをする。数十年、怒鳴られ続けている母親にも驚くが、怒鳴り続けている親父にも感心する。互いに元気ということか、末長く仲良くして欲しいと心から思う。親父が何をしようとドキドキ黙って見ている僕等兄弟も、このことだけには異論は無い。

親父を暖かく見守っているのは母親だけではない。

少しでも睡眠時間の惜しい親父は、朝の早い日には通勤時間を節約するため、都心のホテルを常宿としている。

ある日、親父がホテルの部屋に入ると浴室に手桶《ておけ》が置いてあった。洋式バスに手桶は、いかにも不似合いだ。これは、いつも水浸しの浴室を見て、親父がバスタブの外で体を洗っているのではと思ったメイドさんの心遣いだった。メイドさんは親父がゴミバケツを手桶がわりにしていると勘違いしたに違いない。親父に真偽を質《ただ》すと、外で体を洗うわけはないと怒ったが、ビニールカーテンの裾《すそ》をバスタブに入れるのは気持ちが悪い、外に出すから浴室中水浸しになるのだと苦笑していた。

＊

もうすぐ夏がやって来る。

夏は海の季節、逗子の季節。今年の夏休みはどこにも行かず、あの崖《がけ》の上の家に戻ってみよう。

玄関の鍵《かぎ》は、潮風で錆《さ》び付き、力いっぱいねじまわすとようやくガチャリと開く。重く大きな扉を押し開ける。

「のぶてる、よしずみ、ひろたか、のぶひろ、ご飯ですよ」。母親が大きな声で呼んでいる。弟達が競争しながら階段を駆け下りてくる。兄貴がおばあちゃんにビールを注いで、また点数を稼いでいる。親父が書斎の戸からちょっとこっちを覗《のぞ》いたような気がした。

今は住む人のいない家は、冷ややかな空気に包まれ静まりかえり、玄関から真《ま》っ直《す》ぐに伸びる階段だけが、やたらと長く大きく感じられる。

憧憬《どうけい》——叔父・石原裕次郎の記憶

「裕次郎は死にませんよ」と祖母は言った

「良純《よしずみ》……いいか……落ち着いて、よく聞け」

五歳年上の兄、伸晃《のぶてる》は電話の向こうで、弟の僕を諭すように言葉を切り出した。だが今朝は、いつもながらの勿体《もったい》ぶった口調のどこか様子がおかしい。兄は更に声を落とし、一言一言を噛《か》みしめるようにゆっくりと低い声で囁《ささや》いた。

「……裕次郎叔父ちゃんが、死ぬ」

＊

一九八一年四月二十六日の朝は、夜半からの雨も上がり、逗子《ずし》の小高い山の上の家からは、低い雲の切れ間のところどころから覗《のぞ》く青空と、生暖かい南風でも吹いているのか、入り江の灰色の水面にわき立つ白い波頭が見てとれた。

二日酔いの僕は、水分をたらふく含んだ重たい体で居間のソファーに横たわり、血液中を漂うアルコールのおかげで身動きできずにジッと窓外を眺めていた。遠くで電話が鳴りだすと、呼び鈴の電子音が頭の中を震えながら激しく駆け回った。鳴り続ける電話のベルにも、いっこうに誰も応じる気配はない。僕は突然の使命感に燃え、フラつく足取りでお勝手の電話にたどり着く。生唾《なまつば》ひとつ飲み込んで、むくんだ顔に受話器を近づけた時、聞こえてきたのが兄からの思いも寄らぬメッセージだった。

その頃は、すでに親父《おやじ》を始め家族は石原家のフランチャイズである湘南《しょうなん》・逗子を離れ、生活の中心を東京に移していた。丘の上の邸宅には、今更の都会暮らしを嫌った祖母が独り残っているだけ。

叔父、石原裕次郎の危篤《きとく》を知らせる第一報が祖母の元に届いた朝、たまたま僕が遊びに来ていたのは、不幸中のほんの小さな幸いだったかもしれない。それでも前夜は、一緒に泊り込んだ大学のサークル仲間と飲みに飲んだ。だから正直なところ、夜中に雨が降っていたのも、その朝に雲が切れていたのも確かな記憶ではない。確かなのは、僕の頭の中には湿ったアルコールの雲が低く立ちこめていたことだけだ。兄の言葉が脳に浸《し》み込んで、事の重大さにようやく目の前の霧が晴れてくる。兄の口調から冗談とも思えぬが、にわかには信じられる話でもない。詳細を聞こうと言葉を選ぶ間もなく、離れの祖母に電話を取り継ぐように命じられた。

当時、祖母は七十代半ばであったが、数年前に足を骨折してからというもの外出はおろか、家の庭にさえ滅多に出ない。テレビの前に置いた椅子《いす》に腰かけ、夏でもこたつを足温器代わりに使っている。

月に一、二度、自分がお役を務める宗教の信者さん以外は訪ねてくる人もいない。祖母の暮らしは、さながら逗子のお山の上に住む仙人のようでもあった。それでも唯一《ゆいいつ》の楽しみが、僕にとっては親父と叔父、祖母にとっては二人の息子である慎太郎と裕次郎兄弟の活躍をテレビで見ることだった。

兄弟の敵は、祖母にも敵。ある時、昼の番組の司会で辛辣《しんらつ》なコメントをする山城新伍《しんご》さんのファンだった祖母は、山城さんが叔父を悪く言った一言にひどく腹を立てた。以来、祖母は敵意を持って山城さんの番組を欠かさず眺めていた。慎太郎、裕次郎兄弟の一番のファンは祖母だったに違いない。

そんな祖母に、電話の向こうから兄が不幸な事実を伝える。昔のテレビの一場面ではあるまいし、祖母がその場に倒れ伏すとも思われなかったが、高血圧症の高齢

テレビ番組でデュエットする父と叔父の珍しい一コマ〔1978〕

十三回忌法要には20万人が参列したという〔1999〕［写真：共同通信］

昭和13年〔1938〕9月23日
洞爺湖畔での父と叔父（父の著書『弟』の巻頭にある写真）

者のこと、次に何が起こっても不思議はない。僕は受話器に耳を傾ける祖母の顔色を窺《うかが》いながら、直《す》ぐ間近に身構えていた。

だが、そんな孫の心配は全くの杞憂《きゆう》だった。それは明治女の強さか、並はずれにやんちゃな二人の息子を育てた母親の強さなのか。祖母は電話を切ると、僕に東京行きの電車の時刻を調べて駅までの車を呼ぶようにと静かに命じ、自分はさっそく、外出の身支度を整え始めた。叔父の危篤に驚き、数年ぶりの祖母の外出に驚く。事の大小の区別もつかない二日酔いの僕よりも、祖母が何倍もしっかりしていたことは確かだ。その凜《りん》とした立ち居振る舞いに、僕はかねてから、ただ者ではないと思っていた〝ばあちゃん〟が、やっぱりただの〝ばあちゃん〟ではなかったことを確信した。

祖父の生前は、家にも帰らず港町の料亭に泊り込む祖父の元へ、息子に着替えを持たせ届けさせた。その祖父が働き盛りの五十一歳で亡《な》くなると、エキセントリックなインテリ長男と暴れん坊の不良次男を女手ひとつで育て上げた。漏れ聞く昔話には数々の武勇伝があるが、孫の僕等は本当のところを、祖母からも親父からも叔父からも聞いたことはなかった。

孫にとっては、ちょっとハイカラなおばあちゃんで通していた祖母の実像を、僕はこの日の騒ぎで垣間見る《かいまみ》ることになったのだ。

「裕次郎は、死にませんよ」

あの朝の祖母の声が今も耳に残っている。祖母が電話のむこうの兄貴に向かって言ったのか、僕に向かって言ったのか、独り言だったのか。僕の記憶は定かではない。それでもこの日から叔父が奇蹟《きせき》の退院を果たすまで、何度となく生命の危機を医者に告げられても、この言葉に勇気づけられて僕は、一度も叔父が本当に死ぬとは思わなかった。祖母が電話を受けたあの瞬間、体の底から絞り出した言葉に、もしくはその毅然《きぜん》とした態度に、僕はある種の霊力を感じたに違いない。

車と電車を乗り継いでたどり着いた信濃町《しなのまち》の慶応病院。もちろん前夜の叔父の緊急入院は極秘事項、まだマスコミの知るところではない。休日の大学病院は、正面の大きな玄関は締め切られ、構内を歩く人影もなく、広い駐車スペースにも車は数えるほどだ。不安に身を固め、奥歯を嚙《か》み締めて乗り込んだ僕には、拍子抜けするほどにのどかなたたずまいだった。

祖母を案内する僕はあらかじめの指示どおり、背の低い急患搬入口から入り、誰もいない玄関ロビーから病棟へ上がった。

五階でエレベーターの扉が開き見知った人の顔を確かめたあたりで、二日酔いの僕の緊張の糸は切れたようだ。後のことは殆《ほとん》ど覚えていない。もちろんICUで加療中の叔父に会えようはずはないが、成城の叔母や駆けつけていた石原プロの皆さんと何か言葉を交していただろう。だが、僕の一番印象に残っていることといえば、アルコールが再び込み上げどうにも気持ちが悪くなり五階の共同トイレに駆け込んだこと。どうにか吐き気は堪《こら》えたものの、小用を足そうとしたら焦点が定まらずトイレの床をビチャビチャにしてしまった。看護婦さん、ごめんなさい。

後年、渡哲也《わたりてつや》さんに言われてしまった。渡さんが僕と初めて言葉を交したのは、あの日の慶応病院で、学生の僕は、「〝なにが役者だ〟という批判的な目で、俺を見ていた」と。

違うのです。あれは二日酔いで気分が悪くて、目線はうつろで頭はなにも働いていなかったのです。渡さん、ごめんなさい。

「転機」につきまとう雨

大動脈の血管に障害が生じ、血液の循環を妨げる。患部が血流の圧力に耐えられなくなり溜《た》まっている血が体内で爆発したら、即刻、患者を死にいたらしめる。医師に告げられた叔父の病名は、解離性大動脈瘤《りゅう》という聞き慣れないものだった。

解離性というのは、弱っていた血管の内壁を血流が突き破り、ところがそのまま血管を貫きはせずに、ちょうど竹を割るように血管の壁を裂くかたちで血が溜まったことのようだ。血瘤は血管壁内で更に拡大するのか、やがては血管内に合流するのか、それとも外にこぼれるのか。外壁を突き破れば命はない。病状の進行を見極めるだけの医師団は、十二時間生存の確率は二分の一。二十四時間生存はそのまた二分の一。三十六時間はそのまた二分の一。四十八時間ではそのまた二分の一と淡々と見解を報告する。丁寧に時間を区切っての解説は、どこか天気予報にも似ていた。

しかし、病気は一度破裂してしまえば先はない。確率二分の一の羅列に、医師の諦《あきら》めと奇蹟を待つ祈りを僕は感じた。

　幸い叔父の容態は平衡を保ち、次々に二分の一の関門を突破していった。学生の僕は、時間があれば病院に顔を出す。ＩＣＵでの面会はできないが、五階にようやく確保された小さな病室の叔母を訪ねる。憔悴《しょうすい》し切って固い表情の叔母に顔だけ見せたら、後はエレベーターホールに詰める石原プロの人と雑談するか、置いてある雑誌に目を通して漠然と時間を過ごす。石原姓を名乗る親戚《しんせき》は少ない。何もすることはなくても、とにかく病院に足を運ぶことに何か意味があると、あの時の僕は信じていた。

　素人《しろうと》の学生にとって病院を訪ねるのは、スリリングな体験でもあった。極秘とされている石原裕次郎の入院を、僕のせいでマスコミに知られるわけにはいかない。目病院の玄関ロビーでは行き交う外来患者に紛れサッとエレベーターに乗り込む。目指す階のボタンを押したら、なるべく奥に陣取り軽く頭を垂れ目線は伏し目がち。まんいち顔見知りの看護婦さんと目が合っても、目の一番奥だけでちょっと会釈《えしゃく》する。

しかし、叔父の入院は数日の内にはマスコミの知るところとなる。渡さん、石原プロ小林専務の記者会見以来、見舞い客、ファン、マスコミ、誰も想像だにしなかった数の人が病院に押し寄せたのは、過日、テレビを通して日本中の人が目にしたとおりだ。

病院の駐車場には、白地に紺と赤のストライプの石原プロ車両が並び、写真集やレコードジャケットを手にしたファンが遠巻きに取り囲む。日活映画から『西部警察』のファンまでいるから、年齢層はおじいさんおばあさんから子供まで親子三代と幅広い。玄関ロビーの一画には、二段三段のカメラの砲列が並ぶ。関係者がエレベーターを乗り降りする度にフラッシュの閃光《せんこう》がきらめき、一段と現場の興奮を煽《あお》っていた。僕もカメラの前を通過すると、バチバチと写真を撮られる。いつもより背筋を正して歩きながら、自分も芸能人になったみたいだとちょっと喜んでいたりもした。

五月七日、動脈が急激に膨張し容態が急変、緊急手術となった。心臓に近い患部のバイパス手術は大変な危険を伴い、今度は、成功率は僅《わず》か三パーセントだと医者に告げられた。

夕方四時に始まった手術の成り行きを、僕等は小さな病室でじっと待っていた。日が暮れても誰も明かりをつけようとはしない。部屋が明かるくなれば誰かと目が合い、何か口を開かなければならなくなるのが皆怖かったのだ。もちろんこの日の僕は二日酔いであろう筈《はず》はない。それでもあの朝の祖母の言葉の効用か、生死を懸けた手術の叔父に死が近づいているとは、正直、僕は全く想《おも》わなかった。

カーテンの隙間《すきま》が一瞬、うすぼんやりと明かるくなった。遠くで雷が鳴り、窓にパラパラと雨粒が当たる。石原裕次郎を語るとき、仕事の転機、人生の転機、雨がかならずつきまとうという。

二十二時三十分、六時間半に及ぶ手術は奇蹟的に成功した。

この手術は、わが家に想わぬ副産物をよんだ。手術の翌日、親父は意識を回復した叔父にICUで面会した。「何か食べたい物はないか」という親父の問いに、叔父は筆談で「ポカリスエットが飲みたい」と答えたらしい。それを会見で親父は報道陣にそのまま伝えた。どうやらそれを発売元が見ていたらしい。その日のうちに病院はもちろん、家にまでぞくぞくとポカリスエットが届けられた。

以来、家の冷蔵庫にはいつでもポカリが冷えていた。酒を飲んだ翌日には毎度お世話になる。二日酔い体質の僕は、ポカリを飲んでは吐いていた。そのうちに二日酔いでもないのにポカリを飲むと気分が悪くなる。パブロフの犬、条件反射する体になってしまったほど、ポカリはたくさん家にやって来た。

緊急入院から百三十日後、叔父は退院を果たす。それは奇蹟だった。だが僕があの騒動の中で何よりも驚いたのは、裕次郎叔父は、俳優・石原裕次郎であり、俳優・石原裕次郎にはあんなにも多く想っていてくれる人がいることだった。手術の奇蹟の成功も、日本中から回復を祈ってくれた数限りない人のおかげに他ならない。僕も笑顔で慶応病院を後にする石原裕次郎を、テレビのブラウン管から見送った。

無邪気な笑顔のすがすがしさ

僕が俳優としてデビューした頃、いつでもどこでも誰にでも「裕次郎さんはどんな叔父さんですか」と質問された。僕は「いや〜、普通の親戚の叔父ですよ」といいかげんに、ちっとも普通ではない裕次郎叔父のことを答えていた。

たまに逗子の家を訪れる、成城のおじちゃんが運んでくる華やいだ空気には、子供の僕等も気がついていた。おじちゃんが来るという日は、祖母はもとより母親やお手伝いさんまで、女性陣全員の機嫌がいい。言いつけられた片づけを手伝わなくても叱《しか》られもしないし、おやつのケーキや果物もたくさん買い込まれた。

僕等四人兄弟が庭で遊んでいると、ファンファンとアメリカ車独特の柔らかなクラクションを鳴らしながら、おじちゃんの車が坂を一気に駆け登って来る。姿を現わす黒塗りのリンカーンのぴかぴかな巨体に子供は驚く。なかを覗《のぞ》き込み革張りのシートや電動ウインドウ、真夏でも窓一つ開ける必要のないカークーラーにまた驚く。

ガルウイングのベンツを、おじちゃんが自分で運転してくることもあった。日本に二台しか輸入されておらず、もう一台の所有者力道山と、かつて銀座が跳ねたあと横浜までまだ砂利道の第二京浜をレースしていたという伝説のスポーツカーだ。家の駐車スペースに翼を拡《ひろ》げ舞い降りた姿は、幼い子供には自動車という認識を越え、格好良いも悪いも判断のつかない不思議な物体に思えた。ヤツは今も元気に小樽《お　たる》の裕次郎記念館に並んでいる。ちなみにリンカーンは、渡さんに譲られ最後には

成城の裕次郎邸で　叔父夫婦と父と四人兄弟〔1979〕

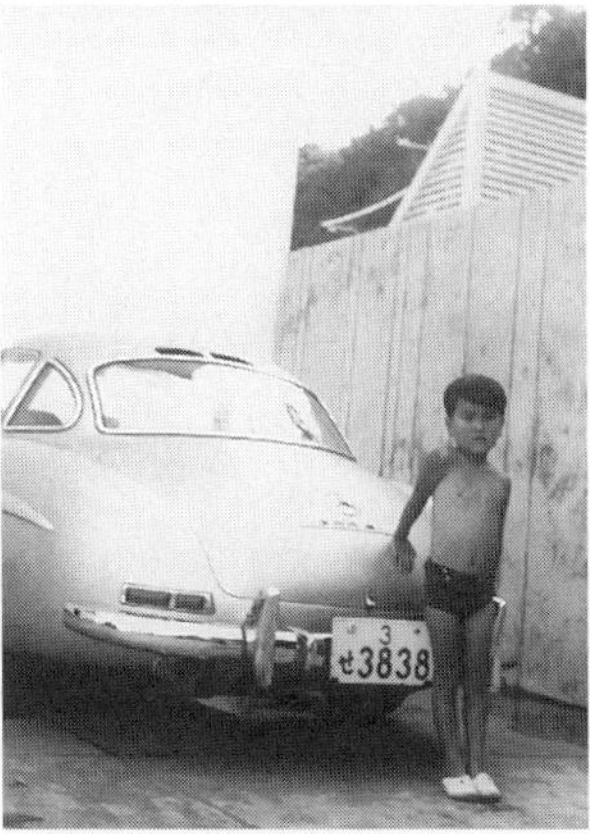

裕次郎叔父の「伝説のベンツ」の前で

これが叔父の入学祝い
だが実はドラマ「西部警察」で使われた
元パトカーだったのだ〔1981〕

『西部警察』で悪の親玉の乗る車として、どこぞの埠頭《ふとう》で大門団長にヘリから撃たれ爆発したと聞く。

当時は今と違って大人と子供の世界には境界があり、大人と子供の接点は少なかったと思う。ましてや眼光鋭くおっかない親父《おやじ》とは、朝晩の挨拶《あいさつ》程度しか口も利《き》けない子供の僕等は、大人に対する免疫《めんえき》が平均値よりも更に低い。親戚の叔父、叔母とはいえ、どのように相対せばいいのか困った記憶がある。おっかない親父にどことなく似た風情《ふぜい》の裕次郎おじちゃんと、スラッと背が高く腰まで髪の長い異星人のようなマコおばちゃまを、僕等は遠巻きに見ていた。

しかしこれは、内向的な性格の幼い僕の偏《かたよ》った情景描写かもしれない。『マンガ君』と愛称をつけられ何かにつけては、おじちゃん、おばちゃまを笑わせていたすぐ下の弟、宏高《ひろたか》なら、この情景に全く違った解説を加えるに違いない。

だいいち夏には成城の家で、僕等の面倒みてくれていたおばちゃまを〝異星人〟扱いするとは失礼だ。

僕がまだ幼稚園生の頃、一年に一回、夏休みの数日間を兄と僕とは成城の家で過ごす習慣があった。成城の家の印象といえば、とにかくキレイそして静かなこと。

幼い男兄弟四人が駆け回る逗子の家の中とはえらい違いだ。壁には落書きひとつなく絨毯《じゅうたん》には染《し》みひとつない。居間のソファーのクッションが型崩れもせず、左右均等に整然と並んでいるのが新鮮だった。

もう一つ子供心をわくわくときめかせたのは、スロットマシーン。子供の身の丈の倍もあろうかという本格的なマシーンが、デンと玄関ホールに鎮座していた。それは葉山マリーナのボウリング場のそれより数段立派にみえる。実際、アメリカ直輸入ともいわれていたそのマシーンは、二十五セント仕様。賭博《とばく》行為に当たるとか当たらないとか、残念ながら僕が一度もスロットバーを引かぬ内に邸《やしき》からそれは消えていた。

逗子の自宅で親父と滅多に顔を合わせなかったように、子供とは生活時間の異なるおじちゃんとは成城に泊まっていても顔を合わせる機会はない。唯一《ゆいいつ》の記憶は、おばちゃまと兄と一緒に芝生の庭に出ていると、突然、二階の雨戸がガタゴト開いておじちゃんがベランダに現われた時のこと。

「オウ、来てるのか」

寝ぼけ眼に、寝癖の髪、片腕を伸ばしながら欠伸《あくび》を噛《か》み殺す。無邪気な笑顔でおじちゃんに声をかけられた。そのすがすがしさは、後年観《み》た日活映画文芸路線のワンシーンのようでもある。もしくは僕の記憶が日活映画に捏造《ねつぞう》されたきらいもある。

お泊まりの最終日には、おばちゃまの運転する白いポンティアックで、よみうりランドに行き、成城の玩具屋《おもちゃ》で兄弟ひとつずつ、おもちゃを買ってもらうのが決まりだった。遊園地で、僕はしゃこ貝から人魚姫が現われる水中バレエシアターをおばちゃまと手をつないで見る。生意気な兄はジェットコースターに乗ろうとおばちゃまを困らせる。山あり谷あり、園内をモノレールで周遊する遊園地は小さな僕には無限の遊びの空間に思えた。

「よみうりランドなんか、アメリカのディズニーランドの駐車場ほどの大きさなんだぞ」

テレビスタジオやゴルフ場の行き帰りによみうりランドの近くを通り、丘陵の稜《りよう》線《せん》から頭をもたげる大観覧車を目にすると、そんな叔父の台詞《せりふ》をいまだに思い出す。日本にはディズニーのデの字も存在しなかった、〝夢のハワイ旅行〟の時代の子供に、カリフォルニアの広大な風景が想像できようはずもない。子供の僕はキョトンとした顔で、叔父の言葉を聞いていたに違いない。

もし、叔父に子供がいたら

一丁目の成城の家の庭の真ん中には、大きな桜の木があった。夜になると大木は足元のスポットライトに照らされて、春の淡い闇《やみ》の中に色鮮やかな花弁を浮かび上がらせる。兄貴に連れられて叔父の家に花見に行ったのは、僕が高校二年の春だった。当時、大学生の兄は銀座だか夏の海だか知らないが、行く先々で叔父に出くわしては、食事をご馳走《ちそう》になったり酒をご馳走になったり、ずいぶんといい思いをしていたようである。この夜の宴は、そのおすそ分けといったところか。

お酒を飲むときは、ほとんど食べ物を口にしない叔父であったが、皿に載って出てきた物は何でも食べる大食いの若者二人の訪問に、叔母は料理の腕をふるってくれた。

〝違うな〟と驚いたのは食事がダイニングテーブルではなく、ソファーの低い丸テーブルに用意されたこと。食べるための食事ではなく、リラックスするための歓談するためのそして酒を飲むための食事の時間がそこにあった。ワインのボトルが空くうちに、クッションを抱えてみたりソファーから降りて床に座ってみたり、体が自由になるほどに言葉も滑らかになり会話が弾む。それは僕が体験する初めての大人の時間だった。

ならば大人の味は、カマンベールチーズということになるだろう。食事も終わり、大きなブランデーグラスを僕はチビチビ、叔父はグビグビ傾けていると、おばちゃまが切ってきてくれたのがカマンベール。チーズといえば雪印しか食べたことのなかった僕は、そのフランス生まれの濃厚な匂《にお》いと味に驚いた。柔らかい内側だけをガブッと噛《か》み切り、外の固くカビ臭い部分は残した。

楽しく時を過ごしていると電話が鳴った。午後十時を回っていただろうか。受話器を取り上げた叔母は「あら、お兄さん」と応対している。家の親父からの電話のようだ。いつも帰りの遅い親父ではあるが、たまに自分が早く家に帰ったときに家族が欠けていると、どこに行っているのか物凄《ものすご》く気になるらしい。叔父は笑って電話を代わり、一緒に談笑している旨《むね》を伝えて切った。

二度目にかかってきたのは十一時過ぎ。今度はもう遅いから直《す》ぐに帰ってくるようにとの僕等への命令だった。居心地の良さに聞き流していると、次々に、帰ってこい帰ってこいと電話がかかる。遂《つい》には叔父が、「どこで誰といるんじゃない、俺の家に俺といるんだ」と怒り出し、受話器の向こうの親父と言い争いになった。突然の父性に目覚めて猛然と子供を取り返そうとした親父に僕等は呆《あき》れたが、そこは冷静な叔母が間に入り、僕等を帰すことで決着をみる。春の宴は気まずく終わった。

夏の花火大会のパーティーの夜にもこんな小さないざこざがあった。賑《にぎ》わった客も帰り静けさを取り戻した逗子の家で、夜中ふと目が醒《さ》めた僕が階下に降りていくと、玄関ホールに片袖《かたそで》破れた寝間着姿の親父と、友人にはがい締めにされた兄と、憮然《ぶぜん》と立つ叔父の姿があった。三人は間合いを保って動かない。何が発端で誰と誰が揉《も》め始めたのかは定かではないがその場で、兄と叔父とが対峙《たいじ》する。日頃から目をかけていた甥《おい》っ子も、最後には父親の味方についたという、真夏の夜の夢のひとコマ。

子供は時として大人よりも辛辣《しんらつ》だ。僕等がもっともっと幼い頃、三男の『マンガ君』がおじちゃんに「どうして、おじちゃんには子供がいないの」と尋ねた。微笑《ほほえ》む叔父との間を父親が「じゃあ、宏高がおじちゃんちの子になるか」と言葉をはさむ。意味がよく飲み込めないのか三男は目をマン丸くして口をつぐむ。「おじちゃんと成城の家で暮すんだよ」。父親の次の一言に、弟はワッと泣き出した。

逗子の石原家には子供が四人いた。成城の石原家には子供はいなかった。もし、叔父に子供がいたら……。大動脈瘤《りゅう》の入院を始め、あれだけ多くの人に慕われた俳優・石原裕次郎を目《ま》のあたりにしてきた僕は思う。裕次郎の一生は昭和史の一部。歴史に『ｉｆ』を考えても意味はない。

入学祝いはスポーツカーだった

もし、裕次郎叔父が大動脈瘤で倒れるのが、ひと夏遅かったら僕にとって叔父はもっと身近な存在になっていたに違いない。

叔父が倒れたのは、僕が大学二年の春。僕が世間的にようやく酒を飲めるのと同時に、叔父は酒を口にしなくなった。いつも大勢の人が集い、賑やかに笑いが絶えなかったという伝説的な裕次郎の酒席。その伝説をもう一歩のところで、僕は自分の目で確かめられなかったことが残念でならない。五つ年上の兄。兄を羨《うらや》むとすれば、叔父と酒を飲む機会があったことだろう。

夏になると葉山マリーナに叔父はヨット仲間と現われた。兄はアロハ着込んでいそいそとハーバーのバーへ出かけていく。兄は銀座にも顔を出す。ある店では叔父のツケまで許されていたようだ。ある日、日吉《ひよし》の大学のキャンパスでテレビドラマ『大都会』のロケがあった。叔父のキャンピングカーにちゃっかり乗り込んだ兄は、仁科明子《にしなあきこ》にビールをお酌してもらったと喜んでいた。もっとも銀座のツケに関しては、厳格な叔母の知るところとなり家に通報された兄は、親にたっぷりあぶらを絞られてもいた。

大人になりかけの僕と叔父の接点は数少ない。叔父が倒れる寸前、成城四丁目に新築中の家を二人で見に行った日のことを思い出す。あの日はそもそも、大学の入学祝いにプレゼントされたスポーツカーのお礼を言いに叔父を訪ねたのだ。

入学祝いに映画俳優の叔父から贈られたみかん色のスポーツカーとは、なんとグレートなストーリーだろう。

だが、待て。日産フェアレディにみかん色はあったろうか。黒い蛇腹のスポイラーがついたハッチバックを開けると、フレームに白と黒の塗装の痕跡《こんせき》を見つけた。謎《なぞ》が解ける。この車は、『西部警察』のパトカーだ。戦車まで造る石原プロの車両部にかかれば、車を塗り直すことなど朝飯前だ。派手に飾りつけられたスポイラーやアルミホイールにも合点《がてん》がいった。アイツも僕の元に来なければ、どこぞの埠頭で爆発していたところか。しかし三年後、アイツは電信柱にぶち当たり十余年の生涯を終える。

もちろん、みかん色のフェアレディは身に余る光栄、僕が大感謝していたことは言うまでもない。早速、自慢の車を成城に見せびらかしに行って、「助手席に乗せろ」という話になり、新築現場を視察に出かけることになった。

工事シートがようやく半分とっぱらわれ、その全容を明らかにしたばかりの新居は、とにかくデカい。玄関の扉は教会、居間のサッシは銀行、吹き抜けの回廊はホテル、屋根は体育館、何もかもが皆デカい。電気ドリルが鳴り響き、ハンマーを打ち降ろす音がこだまする屋内を、叔父はひと部屋ひと部屋、案内してくれた。

叔父の自慢は、二階のプレイルームのようだ。作りつけのバー・カウンターに大きな酒棚。壁や天井に内蔵された音響設備。思い出の品が一切合切収まる梯子《はしご》つきのイギリス図書館風収納棚。好きな物に囲まれて、気の置けない仲間と、誰に気がねすることなく時間を過ごせる設計になっている。プレイルームの横には、一番最初に酔いつぶれた人間だけは、心地よい寝場所が確保できるように小さなベッドルームが用意されている。ヨットのキャビンを模したインテリアが施されるという部屋は、ちょうどシングルベッドひとつ分の広さ。傾斜のついた低い天井がデザインされていた。

もう一つのお気に入りは、二階の回廊から三百六十度、楕円《だえん》に旋回しながら緩やかにリビングへ降りてくる階段。上ったり下ったり、二階の回廊から見下ろしてみたり、リビングから見上げてみたり。きれいなアールを描く階段の楽しさ美しさを、叔父は懇切丁寧に僕に説明してくれた。

そこで僕は気がついた。逗子の家には、玄関から真直ぐに二階へ伸びる、家の規模には不釣り合いなほど大きな階段がある。親父も叔父も、石原家の男は階段好きなのだ。館《やかた》の主が、見上げた大きな階段の踊り場に姿を現わし、「オウ、いらっしゃい」と客人を出迎える光景を想像するのは容易《たやす》い。

よくしゃべり、よく笑いながら、家を見て回るのはもちろん楽しい時間であったが、初めて叔父とふたりっきりで向かい合う僕には、体のどこかに不自然な力が入る落ち着かない時間でもあった。そんな僕を、叔父はより饒舌《じょうぜつ》に話しかけることで気づかってくれていたと思う。子供の僕から大人の僕へ、確かにあの日の僕には、叔父との距離が動き出す予感があった。もし、大動脈瘤で倒れなければ……。もうひと夏が惜しまれてならない。

「社長の御厚意だ、残すなよ」

一九八二年、僕は映画『凶弾』で芸能界にデビュー。石原プロに所属することになる。それは叔父から社長へ、裕次郎叔父と僕の関係の決定的な転機となった。

当時の石原プロでは、組長の病気全快まで組を預かる代貸の渡さんを筆頭に鉄の結束、階級社会。新米組員が滅多なことで組長と直に口を利《き》けようはずもない。「時間を守れ」「挨拶《あいさつ》を忘れるな」。叔父からはそんな言葉短なアドバイスをいただいて、僕の俳優修行は、渡さんの元で始まった。

奇蹟《きせき》の退院から無事に二年を経過したとはいえ、実際、叔父の体調は万全というには、ほど遠かった。病院での頻繁な検査や食事制限、酒とたばこの禁止など日々の生活はいろいろな制約を受けていた。叔父は自分はもちろん、叔母を始め回復を願う人のためにも面倒な指示一つ一つに黙って従う。だが、何より叔父を寡黙《かもく》にしたのは、自分の体はどうなってしまうのかという心の葛藤《かっとう》にひとりで耐えていたからだろう。僕は以来、ジッと耐える叔父の姿を見続けることになる。

それでも『西部警察』の地方ロケに参加した社長は、ずいぶんと酒を飲んでいた。ビール一、二本に水割り三、四杯はいったろうか。普通の大人なら、すっかりいい気持ちになってしまう量だ。しかし、数々の酒にまつわる伝説の人には、それはほんの舐《な》める程度、赤ん坊のミルク代わりといったところか。

〃裕次郎の酒伝説〃は、数限りない。夕景のロケが終わったホテルのラウンジで、そのまま二日二晩飲み続けたとも、一晩に焼酎《しょうちゅう》『純』を二十本飲んだとも聞く。そういえば僕が小学生の頃、叔父がなんの前触れもなく夕方ふいに家を訪れたことがあった。あいにく親父《おやじ》も兄も家にはいない。夕食の支度中だった母は、新しいブランデーのボトルを開け、僕に叔父のお話し相手をするよう命じた。チョコンと横に座って戸惑う僕に、叔父はテレビマンガを見ることを笑って許してくれた。僕は弟達と絨毯《じゅうたん》に寝そべってマンガを見た。叔父はそんな僕等の様子を眺めていたが、しばらくすると母に頼んで車を呼んで帰った。

その間、僅《わず》か三、四十分。驚いたのはブランデーを片づける時。さっき封を切ったばかりのボトルはほとんど空だった。

本当の酒飲みは、酒をガブガブなんて飲みやしない。音もなく誰知らぬ間に、酒を腹に収めるものだ、と子供の僕も勉強した。

『西部警察』の全国縦断ロケーションは、テレビのロケの常識とはかけ離れたものだった。一般人に気づかれぬうちに〝ぬすみでちょっと〟なんて撮影はやらない。堂々と場所と時間をテレビで告知して観衆を集め、大勢の人が見守る中でロケは敢行される。

一番の人出は大阪城公園ロケの十五万人と聞くが、僕が一番驚いたのは香川・高松ロケ。岡山ロケに引き続き、高松入りしたロケ隊のファーストシーンはフェリー埠頭《ふとう》。フェリーのゲートが開き、僕と舘《たち》ひろしさんが乗った黒パトが走り出てくるという簡単なもの。ぶっつけ本番の前、黒パトの車内では、舘さんと高松の人出を

「太陽にほえろ!」で叔父と共演
〔1985〕

ハワイでの新年会
石原プロの「社長」と渡哲也さんに
はさまれて〔1984〕

のんびり予想などしていた。

だが、本番の合図とともにゲートが開いて驚いた。カメラの向こうに鈴なりの観客が五万人。撮影はワンカットで終了したが、その後がまた大騒ぎ。番組のテーマ曲をスピーカーで流しながら、揃《そろ》いのカラーに塗られた何十台もの車両が、五万人を引き連れてホテルまでパレードする。その光景は、さながら街にサーカス団がやってきたというところだ。

派手な現場同様に、必ずロケ隊全員が揃うホテルの大宴会場の夕食も賑やかだ。会場のセンターテーブルに、社長、渡さん以下俳優部が並び、僕もその末席をけがす。ところが食事はビュッフェスタイルだから新人はたまらない。せっせと皿を運んで先輩諸氏に食べ物が行き渡って、ようやく自分の食事が始まる。しかし、好物に箸《はし》を伸ばそうとすると〝社長の御厚意〟が決まってやって来た。

社長には血圧安定のため、一日の塩分摂取量が六グラムという厳しい食事制限が課せられていた。退院以来、叔母は恐ろしく緻密《ちみつ》に献立を考え、それを実践していた。一度、成城の家で社長と同じレシピの玉子サンドをご馳走《ちそう》になったことがあるが、見た目は普通でも口に入れて味がしない。具の玉子はもちろん、自家製のパンにも塩は使っていないのだという。見た目だけでも美味《おい》しくしようとする叔母の心配りには驚嘆し、頭が下がる。それでも味のしない玉子サンドは美味しくなかった。

　ロケ先にも叔母のレシピは必ず届けられ、社長の夕食は栄養バランスが考えられた、特製野菜サラダに決まっていた。緑黄色野菜や芋類を多量に使ったこのサラダも極端に薄味だ。社長は叔母の目が届かぬのを良いことに、それでも罪悪感を感じて少し照れ臭そうに言う。

「哲、これ、体に良いけど……食べる」

渡さんは皿を受け取り、一口食べて、言う。

「ひろし、社長の御厚意だ」

舘さんは皿を受け取り、一口食べて、言う。

「竜太、社長の御厚意だ」

峰さんは皿を受け取り……。結局〝社長の御厚意〟は、僕のところに回って来る。

「社長の御厚意だ、残すなよ」

そう言われてしまっては残す訳にはいかない。山盛りのサラダを片っ端から口に入れると、目には涙がうっすら滲《にじ》む。僕は先生に睨《にら》まれながら食べた、小学校の給食を思い出していた。ならば皿ごとひと思いにテーブルの端から突き落とすか。だが、皆の視線を感じて思い留まる。軍団にシャレは通じない。

軍団を語るキーワードにもう一つ〝若いもの順〟というのがある。例えば、ゴルフの朝のティーショット。社長からか渡さんからか、どこからともなく「若いものから行け」と声がかかる。指名された一番年下の僕には躊躇《ちゅうちょ》している暇はない。素振りもせずに、ともかくボールめがけてクラブを振り下ろした。

ゴルフなら、最悪で球がなくなるだけでその場は収まる。収まらないのはカラオケだ。始めの一曲はまだしも、舘さん、渡さん、社長、と歌って戻ってくる二巡目は辛《つら》い。思わぬ豪華メドレーに誰もが夢見心地の店内に、突如『瀬戸の花嫁』が鳴り響いた。

皆、歌うのが好きだ。カラオケがなければ、舘さんのギター伴奏で歌う。社長は『夜霧よ今夜も有難う』、渡さんは『くちなしの花』、舘さんは『泣かないで』、持ち歌だってバンバン歌う。圧巻は、一番は社長、二番は渡さん、三番は二人のデュエットの『星の流れに』の豪華バージョン。

♪こ〜んな、裕次郎に、誰がした〜♪

歌詞を変えて歌う社長。渡さんと目があって微笑《ほほえ》み合う。周りの皆もその場の雰囲気に酔う。口の悪いウチの親父は、〃精神的ホモ集団〃と称し、その実、大勢の仲間に慕われる叔父を羨ましがっていた。

叔父と初めて乗り出した海

僕が初めてハワイに行ったのも、〃社長の御厚意〃からだった。ロケ先でハワイの話題で盛り上がり、とんとん拍子で話が進んで、俳優部は正月休暇に社長招待のハワイ旅行が決まったのだ。仕事も一緒、休みも一緒。三百六十五日、皆で恐ろしいほど一緒にいたものだ。面倒見の良い先輩に囲まれた、古き良き時代の体育会的団体行動。でも、末端は苦労が多かったりもした。

僕がハワイに行って一番最初にしたことは、ワイキキの社長のペントハウスのベランダ掃除。飛行機の中で飲み過ぎて二日酔い状態の僕は、真夏の太陽に照りつけられながら足元のシャボンと格闘していた。だからいまだに、ハワイと聞くとデッキブラシをまず連想する。

社長はゴルフには熱心ではなかったようだ。ともすると、その昔、桜ヶ丘カントリーに三十万で入会したという、女性ゴルファーの先駆者である叔母に負けてしまう。社長のお気に入りは、何といっても海でありヨットである。

アメリカのトランスパックやイギリスのアドミラルズカップ。世界のヨットレースにも参加し、どんな荒海でも決して船酔いしないセーラーであったという社長は、ハワイの海で血眼になって走り回ったりはしない。南から吹くコナウインドを受け、愛艇『コンテッサⅢ世』のセーリングをひとしきり楽しんだら、ワイキキ沖にアンカーを打つ。ワイキキのビル並みを背に、太平洋のうねりに緩やかに揺られながら、水平線に沈み行く夕日を眺め杯を空ける。常夏《とこなつ》の楽園の至福の時間がそこにあった。

おもいっきり日焼けした頬を癒《いや》してくれる湿気を含んだ南風に、僕はなぜか懐《なつ》かしさを覚えた。風、波、艇、そして夕日。いつしか夏の逗子《ずし》・葉山の海がオーバーラップしてくる。

「さあ、もう帰っていらっしゃい」。そんな声が聞こえた気がする。

「もう、ちょっと」。少年は心の中でそうつぶやく。夏の日は、誰もが皆、永遠に終わってほしくないと願うものだから。

少年の僕は過去に一度だけ、叔父とともに海に乗り出したことがある。親父の愛艇『コンテッサII世』に乗り、式根島クルージングに出かけたのは、僕が小学校三年の夏。それは僕にとって初めての航海であり、親父や叔父や兄貴に囲まれて、初めての男だけの旅だった。

夜光虫きらめく夜の海を渡り、白波が砕ける岩礁《がんしょう》を抜け、人気のない小さな入り江に艇を休める。夜半、皆は島の反対側の露天に湧《わ》き出る温泉を目指し這《は》い松の崖《がけ》を登っていった。残ったのは叔父と僕の二人だけ。いや、遊び疲れて温泉に行くのを拒んだ僕のために、叔父は艇に残ってくれたのだろう。デッキから小便するとき、ギャレーの冷蔵庫から飲み物を取り出すとき、振り返ると近くに小さな僕を覗《のぞ》き込む叔父の顔があった。僕は約束通り寝床に潜り込む。デッキの叔父はグラス片手に時折キャビンの僕に目を配り、眠れぬ僕は薄目を開けてデッキの叔父を見上げる。入り江の時間は青白い月の光に照らされてゆっくりと流れていた。

帰りの航海もまた、クルージングの面白さをひとまとめにしたような楽しさだった。洋上の積乱雲を見つけたら、頭にシャンプーを塗りたくる。スコールがくれば、それがそのまま天然のシャワーになる。突然、爆音が轟《とどろ》き、真っ白いセスナがマストを掠《かす》めるように急降下してきた。艇の回りを何度も旋回すると、翼を振って海の向こうへ消えていく。青い海にポッリポッリと黒く浮かび上がる島影を、地図好きの僕はひとつひとつ海図と照らし合わせ、島の名前を覚えたりもした。デッキに寝転べば、舳先《へさき》が波を切る軽快なリズムに誘われて、いつしか流行歌を口ずさむ。僕は夏の日のこの航海がずっと続けばいいと、心の中で祈っていた。

いつでも我慢して、耐えて、待つ姿

一九八七年二月、裕次郎叔父は、自らが愛してやまないハワイの地で最後の闘病の日々を送っていた。

六一年のスキー骨折事故。七一年肺結核、七八年舌癌《がん》、そして八一年には大動脈瘤《りゅう》。幾つもの事故や病を克服した叔父の体を今また、肝細胞癌が蝕《むしば》んでいた。八四年夏の癌の発見は、大動脈瘤の術後検診の偶然の副産物であった。

叔父と二人でハワイの砂浜を散歩した〔1987〕

『コンテッサⅢ世』でワイキキ沖を行く
石原軍団と著者〔1984〕(右も)

病気による血流の悪さが癌の進行を遅らせることにもなったが、叔父はあの大手術から体調を回復することなく、次なる病との戦いを余儀なくされていたのだ。それも当人に知らされることなく。

僕が我が家を代表し、大きな段ボール箱いっぱいの食料品を携えてハワイを訪れたのは、二月の第二週のことだった。ちょうど、叔父の別荘に隣接するワイアライ・カントリーでは、常夏の太陽の下、ハワイアン・オープンが開催されている。しかし、周りのお祭り騒ぎをよそに、静寂が別荘を支配していた。

その頃の叔父は体力も衰え、大好きなヨットはおろか、カートのゴルフに出かけることさえなくなっていた。三十七度以上の熱がじわりと続き、食欲もない。熱は何かの拍子に四十度にも達し、訳の分からぬ鼻血が止まらぬこともある。久しぶりに対面した叔父の艶《つや》を失った褐色の顔色が体調の異変を物語っていた。

僕には窓外に満ち溢《あふ》れた南の島の原色光が、叔父のシルエットを一瞬にしてかき消してしまうのではないかとさえ思えた。

叔父は一日の大半を、海に向かった低いバー・カウンターの前の、大きな肘掛《ひじか》け椅子《いす》で過ごしていた。そこは別荘を購入する前からのお気に入りの場所だったと聞く。ソファーに深く身を沈め、身動きひとつせずに海を眺めている。湾口を白いセールが横切っても、庭のヤシの葉が風に大きく揺れても、室内の空気は微動だにしない。いつまでもいつまでも叔父はジッと海を眺めていた。

はたして叔父は、自分の病のことを知っていたのだろうか。僕は薄々知っていたのではないかと思う。だが、事実を隠し通すと決めた周りの者が、それを叔父に確認できようはずもない。また叔父も、何も病状を告げない周りの者に、自分から尋ねようとはしなかった。それは誰も結末を意識することを許されない、はてしない静かな騙《だま》し合いの時間だった。

制御できるどころか、時には自身に狂暴な牙《きば》を剝《む》く体をソファーに横たえながら、叔父は何を考えていたのだろう。焦《あせ》り、苛立《いらだ》ち、それを越えて生への執着、死の恐怖。いや、違う。叔父は待っていたのだと思う、次にやって来る何かを。待つことは辛く、時折、苦痛の表情を浮かべることはあっても、そこに怖《おそ》れはない。次の何かをしっかり見届けてやろうと叔父はいつも目を見開いていた。

親父《おやじ》はそんなハワイの叔父を、「せわしなかった弟の人生の中でようやくつかんだ休息での放心」と、小説『弟』の中にスケッチしている。

僕は逗子の青春時代の裕次郎も、日活映画の全盛期の裕次郎も、映画制作に成否を繰り返した石原プロ創世期の裕次郎も知らない。僕が知っている裕次郎は、病院でもハワイでもロケ先でも、いつでも我慢して、耐えて、ジッと待つ叔父の姿だ。

確かに日本中の大勢の人がバイタリティ溢れた裕次郎に魅了され勇気づけられたと思う。だが僕は、人が我慢することを身をもって叔父に教えられた。

母親の話では、叔父は事ある毎《ごと》に「男は、安目を売るな」と、親父に忠告していたと言う。叔父は人一倍、時を待つことに長《た》けた人間だった。そしてそれが爆発的なパワーの源であったのではないだろうか。

僕の一週間のハワイ滞在中、一度だけ叔母に促された叔父が、別荘の前に続く砂浜の散歩に同意したことがあった。僕と叔父は、白い砂の上をゆっくりと一歩ずつ歩いたが、居間で海を眺めている時と同様に一言の会話もない。三百メートルも歩いただろうか、小さなコンクリートの排水口があった。すると叔父はコンクリートの割れ目に手を入れ、中から何かを引っぱり出す。出てきたのはたばことライター。叔母の目を盗む為《ため》、誰かに隠しておかせたものらしい。

「おばちゃんに言ったら、殺すぞ」

無邪気な裕次郎叔父らしい冗談に、僕はハワイに来て初めて頬が緩んだ。だが、目線を交した叔父には、最早《もはや》、あの裕次郎スマイルを見せてくれる余裕はなかった。

＊

一九八七年七月十七日、僕が慶応病院に入院中の叔父の訃報《ふほう》を聞いたのは、ロケ先の三浦半島のスイカ畑の真ん中だった。ラジオの速報に、ロケバスの運転手さんが遠くから走って知らせに来てくれたのだ。

僕の心の中には叔父の死を悼《いた》む悲しみよりも、「楽になって、よかったね」と、最期《さいご》の闘いが終結した叔父への労《ねぎら》いの言葉が真っ先に浮かんだ。

悲報を聞きつけたファン、弔問客、有名人を見ようと集まる野次馬。成城の裕次郎邸界隈《かいわい》はその夜、悲しみと興奮が入り交じった不思議な熱気に包まれていた。

夜半、弔問客も去り、明日の葬儀の準備もあらかた整った邸内にようやく静けさが戻った。ふと気がつくと、居間にしつらえられた胡蝶蘭《こちょうらん》に飾られた大きな祭壇を見上げ、絨緞《じゅうたん》の床には僕と金宇満司《かなうみつじ》さんの二人だけが座っていた。

金宇さんは石原プロの映画、テレビ作品の大半を手がけたカメラマン。記録映画

『エベレスト大滑降』では、撮影監督として長編ドキュメンタリー部門でアメリカ・アカデミー賞を受賞している。だが、叔父が大動脈瘤で倒れると、金宇さんは現場を離れ、叔母と共にずっと叔父につき添ってきた。

「良純、酒を飲もう。それも一番良いヤツを」

金宇さんがポツリと言う。叔父が飲みたくても飲めなかった酒を、今夜は祭壇に掲げられた写真の叔父といっしょに飲みたい金宇さんの気持ちが僕にも痛いほど分かる。ハワイのあの窓辺でジッと海を眺める叔父に、話しかけられなかった分も語り尽くそう。僕は迷うことなく叔父の自慢だったプレイルームの酒棚から、レミーの『ルイXIII世』を持ち出した。

居間に戻ると、金宇さんの傍らに叔母の姿があった。叔父の一番の戦友であった叔母が、戦が終わった時どうなってしまうのかと心配していた周りの思惑をよそに、叔母はその夜も毅然《きぜん》とした態度で振る舞っていた。叔母はボトルを受け取ると封を切り、最初の一杯を遺影の叔父に注いだ。

献杯。グラスに注がれたブランデーには、あの〝桜の晩〟と同じ芳醇《ほうじゅん》な香りが満ちていた。

グラスを傾けながら金宇さんが、活動屋時代のことテレビロケのこと酒席のこと、聞いたこともない叔父の逸話を次々と話してくれる。時折、叔母がそれに注釈を加える。金宇さんがしゃべり、笑う。叔母も笑いながら相槌《あいづち》を打つ。僕は腹を抱えて笑い転げる。煌々《こうこう》と灯《とも》った居間の照明に照らされた、物凄《ものすご》い数の白い胡蝶蘭が眩《まぶ》しかった。

最初に酔いつぶれた僕は、ヨットのキャビンを模した小さなベッドルームで、翌朝、夢から覚めた。

スパルタ教育——母・石原典子《のりこ》の生き方

母のこと

「母さ〜ん、死ね、死ね、死ね。死ぬんだよ〜っ」

渋谷のPARCO劇場で上演された舞台『熱海《あたみ》殺人事件・サイコパス』は、僕が演じる主人公・木村伝兵衛部長刑事がタキシードを身にまとい、チャイコフスキーの調べに乗って母親の首を絞める絶叫から物語は始まった。

『熱海殺人事件』といえば、劇作家つかこうへい氏の代表作。そして、氏の演出法といえば、これもまた有名な口立てによる芝居作り。稽古《けいこ》場でつか氏が役者から感じたものが、そのまま芝居の台詞《せりふ》となって現われる。ましてや今回の公演は『石原良純《よしずみ》ヴァージョン』と銘打っていただいたもの。その主人公の設定が、マザコンで恋人にいま一歩踏み込めず、愛情余って母親を絞め殺した部長刑事。つかさんは稽古場の僕の中に何を見たのか。僕はいささか困ってしまう。

公演期間中には「お母さんは舞台を観《み》に来られたか」と、しきりに尋ねられた。

僕が答える間もなく、つかさんは「お母さんは喜んでおられるだろう」と、一人ウンウンと頷《うなず》かれる。またまた困ってしまった。

「良純はよくシボリを作ってくれた」

そんな笑い話がその昔、家族にあったらしい。幼い僕は、幼稚園のスモックやセーターの裾《すそ》、Tシャツの肩のあたり、いつでも着ているもののどこかを噛《か》んでいたと聞く。その部分がぐっしょり濡《ぬ》れて、シボリ染のようになっていたのだそうだ。

幼い僕には、暗くて長い時間の記憶がある。逗子《ずし》の家の一直線に伸びた階段の踊り場にへたりこんで、よく泣いていた。

僕が幼稚園の頃、母親の寝室には母と僕と二人の弟、あわせて四つのベッドが並んでいた。その安息の地に深夜、呼び鈴が鳴り、門の鉄扉《てっぴ》がガラガラと開く音が聞こえてくる。親父《おやじ》の帰宅だ。廊下から洩《も》れる明りに、母親が静かに部屋を出ていくシルエットを見たら、僕はもう寝床に留まってはいられなかった。無神経に寝息を立て続ける弟達を尻目《しりめ》に母親の後を追う。階段の踊り場に出て、階下からの風呂《ふろ》や着替えの世話をする物音に耳をすませた。玄関ホールのシャンデリアの下で、時間はとてつもなくゆっくり流れる。いつしか目に涙が溢《あふ》れた。母親はそんな僕を、

「早く寝なさい」と、短く厳しい口調で叱責《しっせき》していたと思う。

強烈な個性の親父の陰に隠れがちな母親。五歳年上の兄と、三歳、五歳年の離れた二人の弟、その真ん中に挟まれた僕。当時の母親と僕の距離感を、僕はこんなエピソードの中に思い出す。だが、この画《え》の中に、近くにいたであろう親父の姿は、なぜか一コマも浮かんでこない。

魑魅魍魎《ちみもうりょう》の住処《すみか》

忙しくあまり家にいない。いても生活時間が異なり、ほとんど顔を合わせない親父。確かに、男ばかりの四人兄弟の育児を一手に引き受けていたのは母親だった。それでも、初めての子供であった兄が小さい時分は、家に帰れば抱き上げたりおぶったり、親父も祖父ゆずりの子煩悩《ぼんのう》を発揮していたと聞く。しかし、一度経験したことには興味が薄れる根っからの作家気質とでもいうのだろうか。僕の中には、親父の手が子供に伸びて行く記憶はない。両足で腹を持ち上げられ両手を広げる飛行

母と電車の中で（5歳頃）

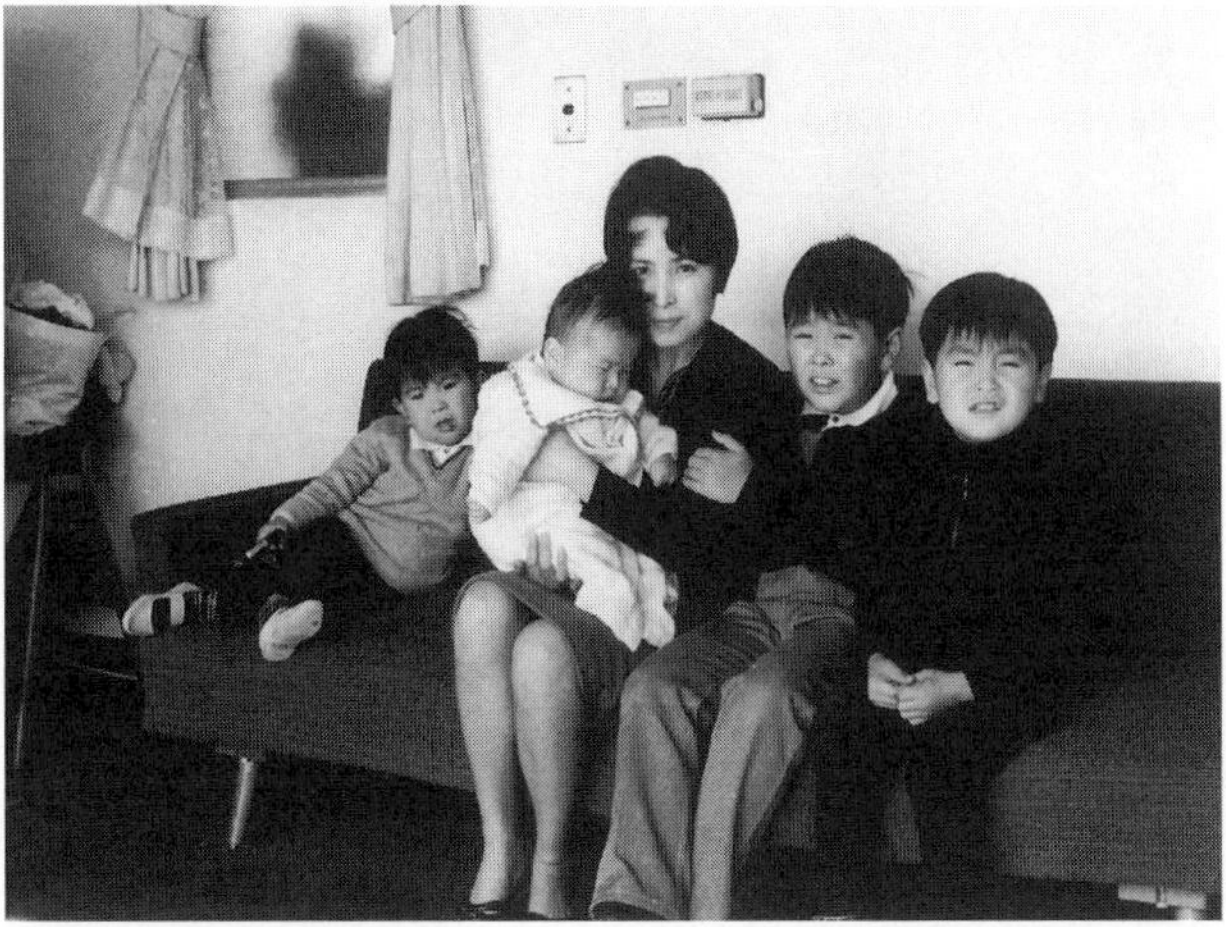

幼稚園・年長組の頃〔1967〕

機も、高い高いの肩車も、親父の運転手さんにやってもらった気がする。〝育児をしない男を、父とは呼ばない〟なんていう最近の政府広報のポスターを、親父は鼻で笑っているに違いない。

したがって、親父に叱《しか》られた記憶もあまりない。たまに顔を合わせれば「マンガを見るな」「ドアをバタンと閉めるな」「早く寝ろ」などと、会話というより一方的に小言ばかりを頂戴《ちょうだい》していた。しかし、子供には子供の生活のリズムがある。訳わからずに、頭ごなしに怒鳴られても、ポカンと口が開くだけで反省のしようもなければ、怒られた気もしなかった。

そんな我が家では、母親が日々の暮らしの中で父親の役目も担《にな》っていた。母親は優しく本を読んでくれたり、仲良く一緒におやつを食べたりもするが、時には声高に怒鳴り、シャツの襟を摑《つか》んで僕等を真っ暗なお蔵に閉じ込めもした。そんな母親の迫力の前に、時として兄弟は素直にポロポロ涙を流していた。

ある日、上の弟が「お兄ちゃん、たいへん、たいへん」と子供部屋に駆け込んで来た。聞けば母親がおばあちゃんの前で、ボロボロ泣いているというではないか。兄貴と僕はニヤリと目を合わせる。日頃、僕等を叱ってばかりいるから、今度は自

逗子で母と（1、2歳頃）

著者の誕生日パーティ
ろうそくを吹き消しているのは、
なぜか父……

逗子桜山の自宅　新婚当時の父と母
左は裕次郎叔父と祖母〔1956〕

分がおばあちゃんに叱られるのだと、子供は単純に考えた。こんな滅多にない機会を見逃す手はない、母親の泣き声を記録してやろうとテープレコーダーを持って居間へ向かう。しかし、扉を開けると、厳しい視線で母親を釘《くぎ》づけにする祖母と、真正面で身じろぎひとつしない母親。子供心にも目にするべきでない雰囲気を即座に感じ取った兄と僕は、すごすごと子供部屋に引き返し、二人揃《そろ》っておし黙ってしまった。

僕の母、石原典子は石田光治、晃子の長女として昭和十三年神奈川県に生まれる。しかし僕は、母方の祖父、祖母の話をほとんど聞いたことがない。中国へ出征した祖父・光治は母を一度も抱くことなく戦死し、祖母・晃子も母が十四歳の年に早逝しているためであろう。

十四歳で兄・治彦と伯父の家に暮らすようになった母は、十八歳で石原家に嫁いだ。

当時の石原家といえば、唯一《ゆいいつ》、社会性のある人間であった祖父・潔が、戦後復興を担う企業戦士として会議中に急死。その生前の人望によって多くの人から贈られた多額の弔慰金を、母子《おやこ》三人揃って無計画な浪費で使い果たし、いよいよ暮らしが逼迫《ひっぱく》し始めた頃。

逗子の街に聞こえる一橋大の秀才、兄・慎太郎。これまた街に聞こえる慶応の不良、弟・裕次郎。一言居士《いちげんこじ》の明治女、祖母・光子。その三人が暮らす家、幼妻の嫁いだ先は『魑魅魍魎の住処』という言葉が正しく当てはまろう。

しかし、僕はある時「おばあちゃんがいたから、私はやってこれた」と、母親が話しているのを聞いたことがある。

なるほど両親を早くに亡《な》くした母にとっては、石原の母こそが、教育者であり相談相手であり決して負けることのできないライバルだったのかもしれない。並の伴《はん》侶《りょ》ではない親父と連れ添っていくには、並の毎日を送っていては追いつかない。それを〃毒をもって、毒を制す〃と言うのだろうか。

〃嫁と姑《しゅうとめ》、別居しなければダメ〃。昨今の物わかりのいいホームドラマのような甘い考えを誰かが起こしていたなら、その瞬間に母は家を飛び出し、残された子供等は自由奔放に生きる親父を見習い、好き勝手に自由を求め、石原家はとうの昔に空中分解していたに違いない。

三十年たっても「揉《も》め事のタネ」

『スパルタ教育』なる題名の本が出版されたのは、僕が小学校二年生の時だった。その本の内容が親子の教育問題がテーマであることは、何となく知っていた。だが、僕等は親父から教育されたとか、何か習ったという覚えはない。第一に、滅多に顔も合わせやしない。百パーセント子供のことは母親任せの親父が、何でそんな本が書けるのだろうか。その上、その本が世間で大きく話題になるのを子供の僕は不思議に眺めていた。

驚いたのは、本の表紙の絵。真夏の空の下に、全裸でオチンチンを誇示するかの様に腰に両手をあてがい、両足を開いてスックと立ちはだかる少年が描かれていた。余計に気になったのは、その少年の年頃がちょうど当時の僕と同じだったから。今の世なら「あのモデルはお前じゃないか」と、学校でいじめられっ子に転落するのは目に見えている。

母と四兄弟　逗子の自宅で〔1967〕

大ベストセラーになった本
(1969年11月発行)

裏表紙には、著者紹介に親父と僕等兄弟四人の写真が載っていた。初秋のある日、写真撮影に普段はまむしが恐《こわ》くて滅多に立ち入らない近くの空き地へ、ゾロゾロ連れて行かれたことをかすかに覚えている。昼間に撮ったカットは、編集者の納得いくものがなかったのだろう。空き地に出かけたのは夕暮れ間近のことだった。結局、裏表紙を飾る一枚には、撮影にうんざりしたのか、子供の相手に疲れたのか、カメラのファインダーなどお構いなしに直立不動で一人ソッポを向いている親父と、そんな親父の苛立《いらだ》ちを察知して、家族スナップとは思えぬほどの暗い顔した兄弟が写っていた。いつも陽気な三男まで、今にも泣き出しそうな顔をしている。珍しいのは、いつもは写真嫌いの僕が、フレームの真ん中にボーッと立つ姿。そんなところで日立ったら、いよいよ表紙のモデルと疑われてしまうだろうに。

怒る親父。怯《おび》える子供。そんな撮影現場でも、常に母親は親父の側に立つ。「お父さんが、こう言っているから」「お父さんが、こうするから」。言葉の頭に〝お父さん〟が付けば石原家では、それが絶対命令になる。一旦《いったん》、命令を受けた母親は冷酷な執行官に徹するのだ。

一番良く出た命令が「お父さんが、寝ているから静かにしなさい」。昼まで眠る親父の安眠を保つのが、昔もそして今も、母親の使命だ。しかし、あの頃は遊び盛りの男の子が四人。一緒に遊んでいれば、何かの拍子に甲高い歓声の一つも上がる。すると、高速道路で覆面パトカーがにじり寄って来たようなもの。どこからともなく現われた母親に、低く小さい声でピシッと叱られた。

子供は母親に、物を壊した時、いいつけを守らなかった時、兄弟喧嘩《げんか》した時、様々な理由で叱られる。でも、ウチの場合は親父の安眠妨害で叱られることが、一番多かった。

それにしても『スパルタ教育』は、息の永い本だ。正確にいえば、本はとうの昔に絶版になっているし、読み返そうと実家の書庫を探し廻っても見つからない。だが、三十年以上前に出版されたモノはなくても、『スパルタ教育』の名前はいまだに健在だ。ことに、石原東京都知事となってからは、〃知事の教育に対する姿勢を質《ただ》す〃なんて場面で、『スパルタ教育』がしょっちゅう引き合いに出されては、揉め事のタネになっているのを耳にする。

なにしろ出版当時の親父は三十代半ば、気鋭の作家が憂国の情に駆られて政界に躍り出たばかりの頃。自分の主張を思いのまま過激に著わしている。だが、親父に言いたい放題、書かれてしまった子供の立場は、結構危ういものだった。

表紙のオチンチンとともに話題になった〃母親は、子どものオチンチンの成長を讃《たた》えよ〃という項目などは、もってのほかだ。

中学のサッカー部の合宿での風呂場《ふろば》。大学生のコーチに、「お母さんは成長を讃えているワケだ」とニヤリ、顔を覗《のぞ》き込まれ、僕は思わず両手で金玉を隠す。家でも風呂上がりは、覗いているはずもない母親の視線を気にしてどこか落ち着かなかったりもした。

ひと頃、子供が水着を着て大浴場に入ることが取り沙汰《ざた》されていたが、子供心は大人以上に自分の裸や、異性の裸に敏感だ。まだ僕等の頃は、水着を着て風呂に入る友達はいなかったが、小学校二、三年生ともなれば、母親と一緒に入る者もいなかった。

小学校五年の夏、僕は一度だけ母親と一緒に風呂に入ったのを覚えている。あの頃、年に一回、夏休みにヨットでクルージングに出かけるのが恒例になっていた。なにしろ子供に学校を一年間休ませて、自分も仕事をほったらかして家族全員でクストー船長のように世界の海を廻るのが夢と語っていた親父《おやじ》だから、陸では煩《わずら》わしい子供も、海にだけは笑顔で連れていってくれたのだ。

何日間か伊豆《いず》七島を廻り、たどり着いた式根島の知り合いの民宿で風呂を借りることになった。

真水の風呂は航海の後では、なにより嬉《うれ》しい。入浴も、まずは家長のお父様から。これ当然。すると風呂場から、早く次々に入ってこいと、親父の怒鳴り声が聞こえてくる。サッと母親が続き、兄が続き、弟がバタバタ廊下を駆けてゆく。

Tシャツと水着を脱ぎ終えた僕が、少し遅れて浴室のサッシを開くと、小さな湯船には親父と母と弟が揃って肩を出して詰まっている。兄貴はわれ関せずと、蛇口の前で髪を洗い、一番下の弟は洗面器に腰掛けシャボンを泡立てている。そんな狭い風呂場の光景を、僕が楽しくもちょっぴり恥ずかしい思いで眺めていると、「良純も早く入れ」と親父に声をかけられた。

今でもロケに行った温泉旅館の案内に『家族風呂』の文字を見つけると、「お父さんとお母さんは、大人なのに一緒にお風呂に入っていいの」「五年生にもなって、お母さんと一緒にお風呂に入るのっておかしくないの」と自問する子供の僕の声が頭をよぎる。

歳《とし》を重ねると図々《ずうずう》しくなるのは、なにもおばさんに限った話ではない。男の子も少年の自我を持つ歳になれば、夏の日の風呂上がりには家の中をパンツいっちょで闊歩《かっぽ》するようになった。なかでも兄貴の伸晃《のぶてる》が一番『スパルタ教育』の教えに忠実だったのかもしれない。兄だけはブランブランさせて歩いていた。バスタオルで頭を乾かしながら冷蔵庫からビールを取り出し、食卓に並んだ夕飯のおかずを一口つまんでも母親に叱られはしない。親父の真似《まね》をする子供に、母親は寛大だから。

石原家の品位を保つ為《ため》、母親は絶対にブランブランさせて歩かないことを、断わっておく。

〃ヌード画を隠すな〃

〃きょうだいの順序をはっきりさせろ〃なんてのも、腹が立つ。家長意識の強い長男である親父の、長男優遇主義が窺《うかが》える。

すると母親は兄貴には、親父と同じ家長の色、水色の洋服をいつも着せた。次男の僕は赤、三男は黄色、末っ子は白。兄弟それぞれに洋服の色が決まっていたのだ。こうしておけば、とっさの時、名前を呼び間違えないであろうという母親の知恵だ。それでも母親は「伸晃良純宏高延啓《ひろたかのぶひろ》、じゃなかった良純」と、いつも誰かの名前を呼ぶ前に、兄弟四人の名前を連呼していた。

実際、子供の頃の写真の僕は、真っ赤なセーターやベストを着ていることが多い。親父が描いた丸顔でオカッパ髪の僕の肖像画も赤いベスト。高校生で初めて女の子と映画を観《み》に行った時も、一番新しい真っ赤なセーターを着て行った。

その一方で〝ヌード画を隠すな〟という教育方針は、友達に羨《うらや》ましがられた。家には金髪ヌードのヘアーが黒く消された米国版『プレイボーイ』が、子供の目の届くところに平気で置いてあった。でも、男女が絡《から》む『ペントハウス』は、さすがに見かけなかった。

そういえばちょうどあの頃、僕は親父から五十二人の外人ヌード写真トランプを貰《もら》い、自分の宝物箱に仕舞って、時々取り出して眺めていたのを思い出す。当時の僕は母親には知られたくない、親父と僕の男の密約と思っていたが、もしかしたらトランプは『スパルタ教育』のエピソード作りの一環だったのだろうか。

ある日、小学校の担任の先生に帰り際《ぎわ》、教卓に呼び止められた。「石原君の家は、本当に『スパルタ教育』なのかね」。またまたニヤリと尋ねられる。その時は「先生までオチンチンに興味があるのか」とうんざりしたが、時を経て、原本を読んで驚いた。まあ、なんと学校の先生のことを悪く書いていることか。〃教師に子どもを任せるな〃〃先生を敬わせるな〃〃先生と親の意見がくいちがったときは、親に従わせよ〃。僕が担任教師なら、そんなこと喚《わめ》く作家のガキは絶対にイビッてやるところだ。もちろん僕の担任の桑原先生はそんなことはしなかった。それに僕にとっては、毎日顔を合わせる先生は滅多に口も利《き》かない親父より、ずっと信頼のおける対象だった。

ある時、親父に怒鳴られながら、桑原先生のおっしゃった言葉が頭に浮かんだ。「自分が正しいと思ったら、怖くても頭を垂れてはいけません。相手の目をしっかり見据えなさい」。眼球に力を込めて涙でかすむ目で、ジッと親父を睨《にら》み返す。「なんだ、その目は」。余計に怒鳴られた。

僕が忘れられない桑原先生の教えがもう一つある。事件は林間学校の登山用の重たいキャラバンシューズが配付された日のこと。僕ともう一人が、いつも仲の良い三人組の残りの一人にキャラバンシューズを押しつけた。三つの箱を両腕で抱え、前も見えずに泣きながら歩いていたその友人を担任の桑原先生に発見されてしまったのだ。翌日の学級会。僕ともう一人が大目玉を食ったのは言うまでもないが、シューズを運んだ当人も怒られた。その時、先生が黒板に書かれた言葉が〝断わる勇気〟。悪いことだと思ったことは、勇気をもって断われというのだ。近年、これに似た言葉をよく耳にする。『NOと言える日本』、〝NOと言える東京〟。

なるほど、桑原先生はある意味で、親父と似ていたのかもしれない。僕にとっては〝敬愛する恩師〟も、他のクラスの友人には〝変人先生〟の一言でかたづけられてしまう。確かに、先生は難しい漢字が沢山混ざった『古事記』を低学年の生徒に読ませたり、夏休みの宿題に将棋を覚えさせたり、かなりユニークな教育をされていた。そして、定年前に職を辞され、児童文学の学位を取得され女子大の教授にトラバーユされた。小学校の先生としては異色だったに違いない。

学校は休んでもよし

そんな先生も、「十二月一日には大地震が来るから学校休め」と親父が理不尽なことを言い出して子供に学校を休ませるのには苦笑され、「裕次郎叔父のヨットレースのゴールの見届けにハワイへ行くから学校休め」と親父が学校を軽んじるのを憤《いきどお》っておられたから、親父が先生以上に変わり者だったのも否《いな》めない。

実際、ウチは学校を休むことに関しては寛大だった。腹が痛いと言えば休むことを許され、頭が熱っぽいと学校を休む。だから、学年の終わりの皆勤者の表彰や集合写真など、僕の手元には一つもない。兄弟で唯《ただ》一人、一番下の弟が皆勤賞に賞された時には、母親は褒めるより先に、一年間休まなかった子供を不思議がっていた。

もちろん、子供を監督するのは母親の役割だった。だが、たとえ親父が子供の毎日に目を光らせていたとしても、僕等兄弟は皆勤賞に遠く及ばなかったのも間違いない。ここが石原慎太郎著『スパルタ教育』と、石原家の教育の大きな違いだろう。

本の読者は、学校を休もうとする子供の襟首摑《つか》んで裏庭に引きずり出し、井戸水をぶっかける父親像を思い描いただろう。でも、現実の親父は体の不調を訴える子供には、いたって寛大だった。心配顔で体を暖かくして床に入るように子供を促し、母親に医者を呼ぶよう命じるだろう。

僕が高校生になると、腹が痛くなくても熱が無くても、自主休校は認められていた。たとえば、五月の澄んだ空気と心地よい陽の光に満ちた朝、一年中で一番素敵な朝に、逗子の家の窓外に朝日にキラキラ輝く逗子湾を見たら、スシ詰めの横須賀線に乗って灰色の校舎の中で受ける一時間目の地学の授業のことなど、頭の中からすっかり消えてしまう。学校をサボってドライブに行こうという兄の誘いに、僕は一も二もなく頷《うなず》く。そんな僕等を母親は、「気をつけて」と笑顔で送り出してくれた。

母親が、親父にも知らせずサボリを許していたのは、「学校をサボるのも自分の責任。だが、落第したら学校は辞めさせる」という、親父と僕等の不文律の約束があったからに違いない。落第イコール退学という親父の言葉を、兄弟の誰もが真実と疑わなかった。親父も本気だったに違いない。結果、子供は学校にもちゃんと通うし、試験になれば勉強もせざるをえない。家の中に親父の姿はなくても、いつも親父のカゲを感じて生活するのが石原家の習いだった。

もちろん、母親も学校をサボリの子と、笑顔で朝食の食卓を共にできるようになるまでには、いろんな想《おも》いがあったに違いない。特に、今は選挙区で〝人格者〟と言われている兄とのバトルは激しかった。時間になっても起きない兄の部屋の戸を母親がドンドン叩《たた》くのを、毎朝のように耳にした。どこで折り合いがついたのかは知らないが、騒ぎが一段落した時には、自由な雰囲気の朝ができ上がっていた。兄弟の先頭に立って親と戦う。その時は、ちっとも立派と気がつかなかったが、サボリの権利を勝ちえたのは立派な長男のおかげであった。

僕の場合は、ドア越しに繰り広げられた兄貴ほど派手なものではなかったが、母親と僕の距離が微《かす》かに揺れた日のことは、はっきりと覚えている。

もう春休みに入っていたある朝、朝飯を食べながらふいに、兄がスキーに行こうと言い出した。東名高速を飛ばして、御殿場のスキー場に日帰りで行こうというのだ。そんな兄弟の会話を耳にした母親が、突然「良純は絶対に、行ってはいけません」と話を遮った。聞き慣れた子供を叱《しか》る甲高い声であったが、その時はいつもと何か気配が違う。母親の僕を睨んだ目やキッと結んだ口元が、微かに震えているようにも見えた。言い出しっぺの兄は、そんな母親にお構いなく、「俺は、どっちでもいいんだよ」と無表情を装《よそお》う。僕は急展開する事の成り行きに驚いていた。

無言で準備して母親を避けるように飛び出して行った人工スキー場は、予想通り斜度も緩く雪質の悪いゲレンデだった。年に一度は、友達と泊りでスキーに行かせてもらっていた。とりたててスキーに行きたいわけでもない。それでも、僕はあの朝、兄貴と出かけなければいけないと感づいた。それは僕が、母親や祖母や弟達の群れから離れたいということか、それとも階段の踊り場で泣いていた自分の記憶を消したいとでも思ったのだろうか。

夕刻、家に戻ると、「今日はお母さん、悲しかったわよ」と言われた。

親父のなかの〝スキーブーム〟

親父との距離が変わったのも、やはりスキーがきっかけだった。

高校卒業後、大学生活が始まるまでは長い春休みがある。第一段階、第二段階、第三段階、仮免、路上、本試験。友達と先を競って自動車免許を取得したら次はバイト。仲間内で流行《はや》っていたのが趣味と実益を兼ねた、スキー場のペンションの居《い》候《そうろう》だ。バイト料は安くても、食と住が保証されて余暇にはスキーが楽しめる。僕も友人に紹介してもらい行き先を決め、母親に申し出た。

「お父さんに聞きなさい」と母親は返事に窮す。なるほど、未成年の息子が数週間も家を空けるのは大きな出来事に違いない。ウチでは大きな事は母親の一存では決められない。親父の決裁が必要だ。

深夜の帰宅を待って親父にお伺いを立てると「遠くに行って働く必要などない」と、予期せぬ反対を受けた。「スキーへ行きたいのなら、費用は出してやる」とさえ言う。今回ばかりは、スキーだけが目的ではない。僕は知らない場所、知らない人、と働いてみたいという希望をしっかり伝えようと、ソファーに腰掛け僕を見上げる親父の前に、直立不動の姿勢で対峙《たいじ》する。それは面と向かって親父に自分の意見を言えた、僕の初めての記憶だ。

その場で親父から答えは返ってこなかったが『スパルタ教育』の中にも〝自分の

労働で金を得ることを教えよ〟〝遠い遠い使いに出せ〟と書いてあるではないか。

それでも大声で「行っちゃ、いかん」と怒鳴られなかったということは、僕の言葉が聞き入れられたということなのだろう。翌日、僕は鮫洲《さめず》の運転試験場で免許の交付を受けたその足でスキー場へ向かった。

親父を論破してまで出かけたアルバイトは、予想通り思い出深いものになった。初心者ドライバーは着いたその日にペンションのワゴンを運転し、雪道でスリップして路肩の車にぶつけた。それでも相手のおじさんは、バイトさんから金はとれないと許してくれた。親の金で行ったスキーならそうはいかなかったに違いない。

三人の居候の中で一番年下の僕は食堂での接客は許されず、厨房《ちゅうぼう》で洗い物専門。嫌々に何百枚皿を洗っても、皿の裏を洗っていないと、また一からやり直さなければならないことを知った。

客が一人もいない休みの日でも、詰まったトイレの配管を直したり、ベランダのひさしを修繕したり。脱サラしてペンションのオーナーなどになるものではないことを学んだ。

道からペンションへ登る小道の毎朝の雪掻《ゆきか》きも僕の仕事だった。吹雪《ふぶ》いた翌朝には、両脇《りょうわき》の雪壁のなかに小道はすっぽりと埋っている。つぼ足でラッセルしてから、積もった雪を取り除き、階段をつけなおす。スコップに春の新雪は重く、少し動けば汗が出る。そして八時十二分、真っ白な高原の遥《はる》か上空を行く定期便の爆音を聞いたら、それが朝飯の合図だ。ほっ、ほっ、ほっ、と息を切らして新しくできた階段を登るのをけっこう楽しんだりもした。

ウチが空前のスキーブームを迎えていたのもこの頃だ。椎間板《ついかんばん》ヘルニアだかギックリ腰だか知らないが、長らく腰痛を患《わずら》っていた親父《おやじ》の腰が回復し、自らまたスキーを滑ると言い出した。当然、石原家の正月はスキーとなった。それ以前の家族スキーといえば、僕にはゲレンデの横で雪ダルマを造った覚えが微かにあるだけだから、親父にとっては十数年ぶりのスキーだったに違いない。

宿に着くなりゲレンデに飛び出して行こうとすると、親父に「子供は親の面倒をみるものだ」と怒鳴られる。乾燥室では足が靴に入らない、バックルが閉まらないとひと騒動。なるほど、親父のスキーはヒモ靴の時代で止まっていた。

だが、一旦《いったん》スキー板を履いてしまえばこっちのものだ。その昔、小樽《おたる》の裏山あたりで鳴らした、ストックを両手で大きく広げ、上半身を上下させてターンする古臭い親父のフォームでは、若者について来れようはずもない。リフト乗り場で到着をお待ち申し上げている僕等の前に、息を切らして親父が滑り降りてくる。「待て」だの、「面倒をみろ」だの、「ちゃんと教えろ」だの、息も絶え絶えに言われてもいつもの迫力がない。思うように動けぬ苛立《いらだ》ちは、だんだんと他人への怒りに変わっていくようだ。最後には「なんでゲレンデのデコボコを削らない」と、とばっちりがホテルの支配人に向けられていた。

母親も当然のごとくゲレンデに引っぱり出される。教える親父に、教わる母親。揃《そろ》ってたどたどしい足取りの夫婦は、面倒みの悪い息子どもをしり目に、ゲレンデにお目見えしたばかりのペアリフトに乗って山を登って行ってしまった。

放っておいたら後で何を言われるか分からない、僕等も急いで後を追う。すると突然、ガタンと音を立ててリフトが止まった。こういう急停止は乗降場で誰かが転んだに決まっている。見上げたリフト降り場に、親父の毛の帽子が揺れていた。どっちが転んだのかは知らないが、ちゃんと乗り降りできるまで初心者はリフトに乗ってはいけないと、生真面目《きまじめ》なＳＡＪ基礎スキーヤーの僕は、搬機の上で両親の安全以前にそんな正論を思い浮かべていた。

体が言うことを聞かなくなるまで遊んでしまうのも、ウチの遊び方の伝統だ。ペース配分を怠ったスキーは、すぐに破綻《はたん》を招く。三日目には過労と筋肉痛で親父の姿はゲレンデにはなかった。

僕もいまだにスキーに行くと、疲労が度を越して体がすっかり固くなり、疲れているのに眠れないスキー場の長い夜を過ごしている。

ヘルニアの再発かギックリ腰の再発か、残念ながらそのスキーブームは三シーズンで去った。

ところが数年前、突然、福島県の猫魔スキー場に親父からの召集がかかった。どうやら親父のなかでは、ほぼ十年周期でスキーブームが湧《わ》き起こるらしい。となると次の当たり年は、二〇〇五年あたり。その時には、高校生になっている兄貴の娘がおじいちゃんの面倒をみるのだろうか。

母のバイタリティ

今や家族で楽しむスポーツとしてすっかり定着したのはスキューバダイビング。正月休みをはじめ、時間ができれば誘い合って海へ出かける。親父にとっては不本意かもしれないが、ヨットからスキューバへ、石原家のトレンドは確実に移行した。それでも南の島のダイビング行に一番熱心なのは親父に違いない。知事となっても海へは出かけているようだが、二十四時間同行のSP氏は、海中でもやっぱり鮫避《さめよ》けにでっかい水中銃を携帯しているのだろうか。

そもそもスキューバを始めたのも親父だ。僕はまだ小学生だったから三十年近く前のことになる。その夏の式根島には、インストラクター役の水中カメラマンなる人物が見慣れぬ器材を山のように携えて同行していた。貝採りの漁師と同じ真っ黒いウエットスーツ姿の親父が、目の前の海面にボコボコと気泡を湧き立たせながら沈んでいくのを、ちょっぴり不安に、ちょっぴり不思議に艇から見守っていたのを覚えている。アクアラングとか呼ばれ、『007』か『わんぱくフリッパー』か、ダイビングが映画やテレビの出来事でしかなかった時代。カラフルなウエットスーツも楽ちんなバランシングベストも面倒なライセンス制度もなかった時代。そういう意味では、親父はスポーツダイバーの草分けとも言えよう。

その頃、親父は鳥のように自由に空を飛ぶか、魚のように自由に水中を泳ぐか迷っていたという。ある日、グライダーの墜落で骨折し、包帯をグルグル巻きにした人に出会ったらしい。その痛ましい姿に驚いてスキューバを選んだ。もしその出会いがなければ、今頃ウチは家族揃って飛び降りる、落下傘《らっかさん》部隊になっていたかもしれない。

親父は技術を一通りマスターすると、途端に今度は自分がインストラクターとなった。楽しい遊びをみつけたら、一人でも多くの仲間に楽しみを分け与えよう。こんな時の親父は、やたら人に親切だ。おっかなびっくりレギュレーターをくわえたヨットのクルーは、親父に手を取られて次々に海の中へ沈んでいった。「俺ほど有能なインストラクターはいない」と今でも親父は公言してはばからない。

そんな有能なインストラクターの指導のもと、僕が初めて水の中の世界を知ったのは中学二年生の八丈島。

波も潮の流れもない小さな入り江。船から延びたアンカーロープを慎重に手繰って降りていくと、程なく海底に到達した。自分が吐き出した気泡を追って水面を見上げると、海中に差し込む太陽は無数の光の粒子となって輝いていた。親父に促され、ロープから離れて泳ぎ始める。周りは光の屈折で青一色の異空間。ぼんやりと霞《かす》む視界の中を淡い点となって小魚が群れていた。珊瑚《さんご》の群落を見つけると、カメラを取ってくるから待っているようにと親父に手で合図された。海底に鎮座した僕は、水面に駆け上がるにつれ薄れていく親父のシルエットを不安に見送ったのを思い出す。

親父は当然、母親にも潜ることを勧めた。ダイビングは基本的なルールさえ知っていれば誰にでも簡単にできるのだが、僕等は母親が潜るのをハラハラしながら見守った。

ダイビングポイントまでの移動のボートの上では、日焼け防止にとサングラスに白く大きな帽子、すっぽり被《かぶ》ったウインドブレーカー姿が怪しい。ウエットスーツを着込んでボンベを背負った格好も、小柄な母にはいかにもアンバランス。海に飛び込んでもなかなか潜れず、波にもまれて背中のボンベがガツンガツンと船べりを叩く。横から有能なインストラクターの親父が不出来な弟子に怒鳴り声で指示を出す。いっそう焦《あせ》った母親は、手足をバタつかせ水飛沫《しぶき》を上げる。「She, OK?」。騒ぎを目にしたパラオの船頭が、ぼそっと尋ねるポカン顔が忘れられない。

四十過ぎてから、スキーをやったりダイビングをやったり、母親のバイタリティには驚かされる。それはなにも、遊びに限ったことではない。母親は三十過ぎて大学受験に挑戦している。

子育てが一段落したら大学を受験することは、高校を卒業してすぐ結婚した母親と親父の昔からの約束だったそうだ。一浪して予備校に通って、二年めに見事合格を果たした。その頃、大学の付属小学校に通っていた僕は「我が校の六大学野球優勝のために、同期受験の江川卓《すぐる》を合格させればよかったのに」ぐらいの軽口をたたき、母親の快挙の意味が分からなかった。

しかし、僕自身が大学生となり母親と同じキャンパスに通うようになったとき、また、母親が受験した歳《とし》になったとき、改めて当時の母親の頑張りに驚かされた。魑魅魍魎《ちみもうりょう》の住処《すみか》に嫁ぎ、あの親父と寝食を共にし、男四人を育てたればこそなせる業なのだろう。

母親は、親父と共に沖縄へ潜りに出かけた帰りがけ、羽田から真《ま》っ直《す》ぐに僕が出演していた帝劇の楽屋に乗り込んで来ると、十年ぶりの海が大層奇麗だったことを熱心に説明してくれた。そして、こちらが舞台の感想を尋ねる間もなく、食事があまり美味《おい》しくなかったから、すし屋に行くのだと、呆気《あっけ》にとられている僕を残して去って行った。

マイペース。夫婦は絶対に似てくる。いや、『スパルタ教育』に一番感化されたのは、親父とのつき合いが一番長いウチの母親なのかもしれない。

逗子の家の玄関には青色の大きな玄関マットが敷かれていた。青は海好きの親父の色。

そしてマットには、

“CAPTAIN SIN DE BAD'S HEAVEN”

と織り込まれていた。船長が不在の時も、忠実なBoatswain（水夫長）の指揮のもと、船は無事に航行してきたようだ。

男なら海を渡れ——石原四兄弟それぞれの道

『失言』問題

「何が失言だ。俺は、何も間違ったことは言っちゃいない。バカなこと言うな」

ある日曜日のお昼時、実家の居間での出来事。遅い朝御飯をごちそうになって、のんびりソファーに寝転んでいると、親父《おやじ》が二階から起き出してきた。趣味とも活力源とも自ら称する睡眠をたっぷりとって、ご機嫌麗《うるわ》しい様子。僕は挨拶《あいさつ》代わりに、その頃、巷《ちまた》を騒がせていた『三国人』発言問題をとらえて、

「親父の失言問題で、世の中、大騒ぎだね」

と言った途端、親父の目が吊《つ》り上がり、返ってきたのがこの怒鳴り声。『失言』の一言がいけなかった。虎《とら》の尾を踏んだといったところか。

こんな時には、黙ってうつむいていてはいけない。こっちの身がズタズタになるまで二の矢、三の矢が飛んでくる。まずは相手から目を離さず、私心を端的に述べる。そして、素知らぬ素振りで話を次の話題へとはぐらかす他ない。普段は声高で

早口の僕も、頭の中で新しい話題探しの時間稼ぎに低い声でゆっくりと感想を述べる。ウチの人間は親父を含め皆、声高で早口だ。低い声やゆったりとした語り口にどこか憧《あこが》れがあるようだ。低く押し殺したような声に相手が一瞬、耳を傾けた隙《すき》にサッと身を躱《かわ》すのがコツ。会話をバトルとして楽しむわが家では、生き残る術《すべ》は自身で磨かねばならない。

今回の騒動、発言の真意が何処《どこ》にあるのか僕が知るすべもないが、親父の発言に家族が右往左往するのは今に始まったことではない。子供の頃、母親が親父の出演するテレビ番組は、怖くて観《み》ていられないと言っていたのを思い出す。

還暦をとうに越えた今もなお、何かと騒ぎをひき起こす親父。それが、短髪の慎太郎刈りに、人を射るような鋭い眼光。若い世代が日本を変えると政治家を志し、タカ派の論客として言いたい放題言って暴れ廻っていた当時となれば、画面の親父を正視できなかったのも頷《うなず》ける。それが並の神経というものだ。

並の神経ではない人間と付き合う、並の神経の人間はいつも疲れる。

＊

僕がハラハラ眺めた画面は、議員勤続二十五年表彰演説。衆議院本会議場の演壇に上がった親父は、上着の胸元から原稿を取り出し読み上げた。その内容は、誰も想像だにしなかった議員辞職表明だった。常識的に考えられる議員の最後といえば、落選するか命を落とすか。その地位を自ら投げ出す者の話など、古今東西、政治の世界では聞いたことがない。ニュースは夕方の番組のヘッドラインを飾った。

実はこれより三日前、石原家では初めて家族会議が召集されていた。一人の政治家が消えるということは、当人にとってはもちろん、応援してくれていた支持者、秘書や政策スタッフ、そして、家族にも様々な衝撃を与える。実家の仏間に集まり親父の言葉に耳を傾けていた僕の頬は、きつく強《こわ》ばっていたに違いない。唯我独尊《ゆいがどくそん》、己の道を切り開き進んできた親父のこの一大決断に、子供としてある種の寂寥感《せきりょうかん》を抱くと同時に、政治家・石原慎太郎のいちファンとして、志半ばでの余りにもあっさりとした引き際《ぎわ》に憤然とした思いが湧《わ》き起こったのを記憶している。

親父が短く自分の所信を述べ、勤続表彰で発表するという演説の草稿が配られた。家族の皆が一読した後、母親から順にひとりひとり意見を述べる。すでに同僚議員として奉職していた兄は、選挙で選ばれた人間は次の選挙までは職務を遂行するのが、選ばれた者の義務だと主張する。確かにいままで応援してくれた人に、どうお詫《わ》びをし、どうお礼をし、どう義理を果たしていくのか。議論はこの点に終始した。人に叱《しか》られ慣れない親父も、この時ばかりは殊勝に僕等の話を聞いてはいたが、くどくど論議が進まなくなったところで、「分かった」と一声上げると、二階の書斎へ去って行った。家族会議とはいっても、結論はあらかじめ決まっている。それでも親父が事を起こす前に、家族と話をすることは異例中の異例な出来事だった。

そして、迎えた当日。画面の親父は粛々と用意の原稿を読み始めた。しかし、途中から様子がおかしい。口調がいつもの声高で早口になり、語気も荒くなってきた。あれだけ家族会議でお約束の「力及ばず、皆様の期待に応《こた》えられず……」のニュアンスは消え、いつしか「ここにいる議員は皆バカだ、一緒にやってられるか」と言わんばかり。事の成り行きに、画面を眺める僕は口がポカン。議場に居並ぶ諸先生方も口がポカン。そしてなにより、一番の口ポカンは、その場に居合わせた兄貴・伸晃だったに違いない。

ところが世間では家族の心配をよそに、この発言に対して概して好意的な反応が多かったようだ。「親父さんカッコよかったね、スッとしたよ」「そうそう、キッパり辞めてやればいいんだよ」などと、当時はよく声を掛けられた。そんな時、何かもう一つ親父の真意が腑《ふ》に落ちない僕は、「へへへへへ」と、笑って頷くだけと決めていた。

もう一つ印象深い演説といえば、都知事選出馬表明だろう。

この時は事前に家族会議などありはしない。当日まで親父の出馬を完全には信じられなかった僕は、会見が始まる四時の時報に合わせて移動中の車を路肩に寄せ、カーナビ用の小さな画面を見つめていた。

フラッシュの砲列の中、着席した親父が司会の言葉を受けての第一声は、なんと、「石原裕次郎の兄であります」。

痺《しび》れた。数年間のブランクは、政治家・石原慎太郎の勘を狂わせたようだ。あとに続く話も、「東京から日本を変えよう」とか、「世界の中の日本」とか、どこか地に足が着かない抽象的な話ばかり。

いささか知事選挙の出馬表明には的外れと思える話に、つめかけた報道陣の困惑が、画面からも見てとれた。

ところが後々、これまた評判がいい。ある政治評論家など、「『裕次郎の兄です』

と始めるところに、慎太郎の深遠なる策略があった」と評していた。深遠なる策略があったかどうかは知らないが、いずれにしても、親父の言動を左右できようはずもない。家族会議は石原家には無用のようだ。

　突然の辞職は、巷に様々な憶測を呼んだ。なかには、悪意に満ちたものもある。その矛先は、議員バッジをはずしても、真っ向から戦うには手強《てごわ》い親父を避けて、僕ら家族に及ぶから話はややこしい。一番の迷惑を被《こうむ》ったのは四男の延啓《のぶひろ》だろう。「慎太郎の四男はオウムだ」「何とかサティアンで保護された」「サティアンに飾ってある仏画は彼が描いた」などというデマが真《まこと》しやかに囁《ささや》かれるハメに陥った。おそらく彼に火の粉が降りかかったのは、彼の画家という職種のせいなのだろう。

　ある番組で、兄弟の職業を尋ねられ、「長男は政治家。次男の僕は俳優。三番目は銀行員……」そこで少し間が空いて「……一番下は画家です」と僕が答えると、パーソナリティーのヒロミさんにすかさず、「兄弟に一人そういうのがいるって聞くと、なんか安心するんだよね」とつっこまれた。四男の名誉に関わること、「弟は、コンテンポラリー・アートをやっていて、毎年、個展も開いているんです」

とすぐに注釈を付け加えればいいものを、僕は何故《なぜ》かお追従笑《ついしょう》いを浮かべてしまったことを記憶している。

もちろん、『職業・画家』は落ちこぼれでもなければ、無頼の徒でもない。それでも、「ウチの弟は画家です」と紹介するのはどこか照れくさい。身内にしてそうなのだから、一般人の思い浮かべる『画家』の人相風体は、けっこう怪しいものになってしまうに違いない。

噂《うわさ》はいいかげんなものとはいえ、国会議員の兄が信者だと触れ回っても信憑性《しんぴょう》は薄い。日本社会はブランド志向が強いから、大手銀行勤務の三男も安全圏。災いは社会的立場の弱い、フリーランスの身に降りかかってくる。当初のストーリーの中では、信者の役は僕に割り振られていたらしい。ところが、僕はブラウン管に平気で現われるものだからオーディエンスは納得しない。そこで、まだ世間に顔を知られていない『画家』の四男に、お鉢が廻ったというとこだ。

この話がなお腹立たしいのは、選挙の度にどこからともなく噂が蘇《よみがえ》ってくることだ。なるほど、候補者の身内に信者がいるとなれば大きなイメージダウンになる。選挙妨害にはもってこいのネタだ。

実際、都知事選挙の投票日の数日前に、何十万通の怪文書となって現われた。あくまでも弟の名誉のために正しておくが、彼はオウムと関係はない。その証拠に、今回は偶然に判明した怪文書の郵送者を、名誉毀損《きそん》で訴えた。東京地裁は訴えを認め、政党の東京都連事務局長に懲役一年、執行猶予《ゆうよ》三年の判決を出している。

四男にしてみれば不愉快窮《きわ》まりない一件に違いない。だがこれも、いつまでも元気な親父を持つ者に課せられる税金と諦《あきら》めるほかあるまい。なにしろ税金では、もっと苦しんでいる兄弟がいるのだから。

これもまた、親父のたたり

『外形標準課税』という耳慣れない言葉が、世の中に溢《あふ》れかえったのは二〇〇〇年二月のこと。銀行にとっては降って湧いた災難といったところか。降らしたのが親父で、降らされた銀行に勤めているのが三男の宏高《ひろたか》。

新税の発表があって間もない頃、学生時代の友人と飲みにいった時のこと。企業に勤める友人は皆、「弟クンは大変だね」と僕の顔を見るなり声を掛けてくる。大変なのは弟ではなくて、またまた騒ぎを起こした親父だとばかり僕は思っていたが、なるほど、毎日、銀行に通う弟こそ、一番気苦労の多い立場に違いない。

僕は、会社勤めを経験していない。長男は、テレビ局勤務八年で政界に転身。親父にいたっては、東宝を一年足らずで退社している。ウチの人間は概してサラリーマンの経験が希薄だ。ましてや、テレビ局や映画会社と銀行では、職場の雰囲気を比較できようはずもない。僕らは、彼が置かれている立場を全く理解できていないのかもしれない。

この話を実家で親父にすると、笑いながら、「大丈夫」とただ一言が返ってきた。大丈夫と言ったって、そりゃ親父は大丈夫だろうけど、大変なのは三男なのだ。弟思いの兄になりきり、いま一歩食い下がる。すると、「ウチの息子を苛《いじ》める奴《やつ》は、俺が許さん。ぶっ潰《つぶ》してやる」と怒鳴られた。アレアレ「苛める」だの、「ぶっ潰す」だの子供の喧嘩《けんか》ではあるまいし。正義感と正義感のぶつかり合いは、なんの解決策も見出《みいだ》すことなく、瞬《また》く間に議論をあらぬ方向へ吹き飛ばした。

ここで僕から宏高へアドバイス。「親父は当てにならんぞ。自力で頭取を目指せ」。

『外形標準課税』の突然の発表には、自民党の税調委員の兄も驚いたに違いない。政府与党は東京都に出し抜かれて面目丸潰れ。親子で出し抜いた者と出し抜かれた者に立場が分かれた。しかし、長男ともなるとさすがに親父との付き合いは長い。知事と二人の特別秘書と主税局長。僅《わず》か四人で進行されたと伝えられる極秘プランに、「途中で聞かされていたら、かえって困ったよ」と笑みさえ浮かべて兄はさらりと受け流す。仕事上、親父と政党との板挟みになるのは、なにも今に始まった事ではない。この程度のことで、へこたれていては、石原家の長男は務まらないのだ。

その長男も、青島幸男さんが都知事引退を宣言し、慎太郎は知事選に出馬か否《いな》かと世間の注目を集めた頃の冬には、ストレスが極致に達していたようだ。兄貴は親父に近しい人間として党の偉い方々に、その動静を度々、質《ただ》されていたという。

風雲急を告げる二月のある夜、テニス仲間でもある学校の大先輩と連れだって兄と夕食に出かけた。

学生時代は大酒を飲んだ兄であったが、議員を目指すのと同時にぴたりと酒をやめた。最近になって、ようやくテニスのあとにビール、食事時に軽い晩酌程度の酒量。

当然、この日も食事だけであっさりお開きになると思いきや、食事のお礼に先輩を飲み屋に御案内すると兄貴は言い出した。だが、店の中での様子が違う。普段ならシレッと構えて、他人がしゃべるのに任せるところだが、この夜の兄貴は、声高に早口で話のイニシアティブをとっていた。酒の力が石原家の本性を呼び覚ましたのか。

酒宴はそれだけでは終わらなかった。ひとしきり飲んで先輩を御見送りしたところでもう一軒、六本木へと誘われた。次の店に入ったあたりから、血中のアルコール濃度が上がった僕の記憶も定かではない。ただ、僕がちょっと目を離した隙《すき》に、ショットグラス片手の兄がラムの一気飲みをしていたのには驚いた。僕が、目を真ん丸くしている間にクイッとグラスを空けて、「お代わり」とまたグラスを突き出す。酒が酒を呼ぶ、典型的な酔い姿。それは学生時代、まだ、酒を沢山飲めるのが格好良いとされていた時代、後輩の僕らを飲みに連れていってくれた兄の姿を彷彿《ほうふつ》させた。混迷の都知事選前夜、真冬の晩はちょっと懐《なつ》かしい十数年ぶりの兄弟の飲み会となった。

後日談を兄に聞くと、ラムの一気飲みは覚えていないという。翌日、議員会館の自室で執務中、ごみ箱に吐いたというから、二日酔い指数で示せば震度六。夕方のキツネうどんまで、なにも喉《のど》を通らなかったに違いない。これもまた、親父《おやじ》のたたりと言えよう。

兄貴はズルイ

伸晃、良純、宏高、延啓。兄弟四人、それも男ばかりとなれば今の時代にはかなり珍しい。僕が小学生の時でも、四十八人の教室の中で四人兄弟は二人だけ。もちろん、男ばかりはウチだけだった。先生に、「兄弟が四人の人」と言われて、「ハイ」と手を挙げた時、教室の皆を見回して、ちょっとした優越感を味わった覚えがある。

とはいえ、数が多ければいいことばかりという訳ではない。まずは、食事。皿に載った料理を見ては誰のおかずが多いの少ないの、大きいの小さいのと兄弟のいさかいは絶えない。一皿盛にしたらしたで、箸《はし》でつつき合いになってしまう。ことに獲物《えもの》がケーキや果物となれば、食べ盛りのガキのボルテージは一段と上がる。当時、母親は兄弟喧嘩を避ける為《ため》、細心の注意を払ってケーキや果物を均等に切り分けていたというが、子供は大人以上にシビアな目で量や大きさを見抜いていた。いずれにしても、「○○のは大きくてずるい」「ずるくない」と摑《つか》み合いが起こった。

メロンを冷蔵庫の中に見つけた夜には一大決戦が勃発《ぼっぱつ》する。うるさい子供と食卓を共にするのを嫌がる親父の一存で、完全二部制のわが家の夕食。それでも、食後のデザート・タイムは、大人も子供も一緒だ。親父の食事が終わるまで、二階の子供部屋へ追いやられた僕らは、おもちゃを弄《いじ》っていても、絵本を開いていても、冷蔵庫に冷えるメロンへ思いをはせ、階下から母親の呼ぶ声に耳をすませた。今にして思えば、それは、母親が僕らをおっかない親父の食卓に餌《え》づけしていたのかもしれない。

「メロン切りましたよ」の声は、F1レースのシグナル・オールグリーン。兄弟はみょうに長くて広い廊下と階段でデッドヒートを繰り広げメロンを目指す。手すりに左手を掛けての遠心力コーナーワークや階段の手すりに体をあずけての六段とばし、各々《おのおの》が必殺技をあみだした。タッチの差で気に入った皿を手にすることは、大きなメロンとレースに勝った満足感を同時に得ることだった。ある時、母親が誰かが転んで頭でも打ったらと心配して皿を選ぶのを日替わりの順番制に。すると、メロンが少し甘くなくなったような気がした。

僕より五歳年上の長男は、順番制になると、今度は体力ではなく知力で弟達を脅かした。せっかく大きなメロンを先に手にしても、「色が悪い、熟し過ぎている」とか、お気に入りのケーキを手にしても、「今の季節はそれは旨《うま》くない」だの。一言いってはチロッと弟の顔を窺《うかが》い見る。何も知らない幼子は不安になって兄貴に皿を選んでもらう。それが兄貴の思うツボ。彼は思うがままに、メロンもケーキも手に入れていた。

兄貴の知恵はいろんな場面に活用される。

たとえば、『マミー』。牛乳と一緒に毎日宅配される乳酸菌飲料。当時、紙蓋《かみぶた》の裏に森永マークがあったらもう一本、というサービスがあった。

しかし、当たるのはなぜか兄ばかり。たまに、兄弟二人に当たる時は、兄にもしっかり当たっている。長男の勘の鋭さに敬服していた僕だが、ある日、その謎《なぞ》は解けた。なんのことはない、兄は牛乳屋さんが配達したのを察知すると、誰もいないのを見計らって冷蔵庫にすり寄り、『マミー』を取り出して瓶を傾け蓋の裏を覗《のぞ》き込んでいたのだ。兄貴はズルイ。

ある温泉旅館で百円ずつ親に小遣いを貰《もら》って、兄と二人で売店に出かけた。牛乳スタンドの中に『マミー』が一本だけ残っていた。兄は瓶を取り出し、すかさず裏蓋をチェックする。そして、ハズレなのを確認すると、優しく僕に一本きりの『マミー』を譲ってくれた。兄貴は百円、僕はお釣の七十五円を持って部屋に帰る。ところが、残金は親に没収されてしまった。弟にハズレの『マミー』を押し付けて、兄はまんまと百円を貯金するつもりだったのか。思惑が外れた兄のブ然とした顔が今も忘れられない。またまた、ズルイ。

長男とは学年で四つ、四月生まれと一月の早生まれだから実質は五つ歳《とし》が違う。となれば体格の差は比べようもなく、喧嘩にならない。そのせいか兄にいじめられたという覚えはほとんどない。しかし、子供部屋の僕は兄貴に搾取《さくしゅ》されていた。

オレンジ色の五百ドル札

今も人気の『モノポリー』というゲームがある。当時の僕らは『バンカース』と呼んでいた記憶があるが、兄がそのゲーム盤を、誕生日プレゼントで貰ってきたのが、僕の不幸の始まりだった。

土地の取り引きをして相手を破産させるゲームには、一ドルから五百ドルまで色分けされた玩具《おもちゃ》のお金が使われる。ルールは少し複雑でも、お札を握ってのやり取りは子供心にも楽しいもの。だが、勝負の方は惜しいところまでいっても、次々と新ルールを振りかざす兄に勝てようはずもない。なにしろ子供の僕は説明書が読めず、ルールを完全には理解していなかったのだから仕方がない。

ある日、兄はそのゲームのお札を子供部屋で使える通貨にしようと言い出した。その上、面倒な銀行役は兄が引き受けるという。大人になった様な、外人になった様な、ゲームの中で数十ドル数百ドルというやり取りにすっかり魅了されていた僕は、通貨制定に一も二もなく同意する。

まず、銀行家の兄は、親切にもオレンジ色の五百ドル札を二枚、お小遣いにくれた。次に、またまた親切にもお金の増やし方を教えてくれた。

「お金を増やすには、持っている物を売ればいい」

集めていた牛乳瓶の蓋や酒蓋、誕生日プレゼントの鉄道模型からおやつの優先権まで、僕は兄貴にせっせと売り払い、稼いだお金を兄貴の銀行に預金していた。収集品が手元に無くても、自分の玩具が使えなくても、おやつを先に選ばれても、増えていく貯金を思い、幼い僕は笑みを浮かべていたに違いない。

三十余年の時を経て、僕はこれを幼子の無知につけ込んだ長兄の搾取と断定する。こうした貨幣操作の知恵が、金融危機の際、政府の金融特別委員としての手腕に生かされているのだろうか。

僕が小学三年生、兄が中学一年の夏休み、親父の友人の息子で大学生のクレーグなるアメリカ人がウチにホームステイしていた。親父は自分の子供の面倒もみないのだから、他人様《ひとさま》のご子息に興味のあろうはずもない。母親も幼い弟達の面倒をみなければならない。そこで来日アメリカ人の饗応役《きょうおうやく》は中学生の兄が仰《おお》せつかり、外国人観光のお決まりコース日光一泊旅行へは、兄とクレーグと僕の三人で出かけることになった。辞書一冊持たせて中学生と外国人を旅に出す親も親だが、辞書を片手に平気な顔で出かける兄も兄。ませガキだったのも間違いない。

　東武電車の始発駅、浅草までの地下鉄で迷い、予約してあった特急電車に乗り遅れたのは御愛敬《ごあいきょう》。泊りは日光金谷《かなや》ホテル。天皇陛下も御宿泊されたという由緒《ゆいしょ》ある宿だ。そこへ鼻っ柱の強そうな中学生とヒョロッと背の高い外人と丸顔のちびガキが三人、保護者もなしに現われたのだからフロント係も驚いたことだろう。部屋を別館の一番端にされた記憶がある。

　夕食はよそ行きの紺のブレザーを着て、もちろんメインダイニング。昼間はそれなりに緊張していたのだろうか、夕餉《ゆうげ》のテーブルにつき、ようやく笑顔の戻った兄は、大きなメニューを抱えて困り顔の僕のオーダーを真っ先に聞いてくれた。

「良純《よしずみ》は、ハムサンドがいいよな」

　兄の優しい声に、僕は「ウン」と頷《うなず》く。夕食に大好物のハムサンドが食べられるとは、なんたる幸せ。母親が一緒なら栄養がどうのこうのと、こうはいかない。ホテルのメインダイニングで、僕は初めての親抜きの旅行を満喫していた。だが、

「オードブルにスープにステーキ……」。兄達のオーダーを聞いているうちに、どうも様子がおかしいことに気がついた。笑顔の謎が瞬く間に解けてくる。ハムサンドで残った僕の予算を山分けする腹づもりだったのだ。ハムサンド対フルコース・ディナー。僕はやっぱり日光でも搾取されていた。

「ふざけた教師だ、ブッ飛ばす」

僕と弟達は、三つ違いに五つ違い。僕は兄みたいに弟を搾取したりはしない。弟をいじめた記憶もない。

ところが実家のアルバムに、とんでもない写真を発見した。口を真一文字に結んで今にも泣き出しそうなのを、ブランコのフレームを握りしめ必死に堪《こら》える弟。その弟を泣かせようと意地悪そうな目つきで、これでもかとブランコを揺する僕。それはどう見ても、仲良く遊ぶ兄弟のスナップには見えない。

注意深く写真を眺めるうちに甦《よみがえ》るのは、手にした冷たい電池の感触。床に寝転ん

兄・伸晃は優しかったのか……

良純の弟いじめの証拠写真!?

この頃は三兄弟

スキー場で　これでは誰が誰だか……
(手前真中が良純、肩越しにちらりと宏高、左から二番目に延啓、隣に母)
〔小学校時代〕

で遊ぶ弟を見下ろしながら、コロンと手から滑り落とした電池が当ったら弟は泣くだろうか、悪魔の囁《ささや》きが脳裏をよぎる。次の瞬間、電池は手の平からコロンと落ちた。ワーッと泣き出した弟を、何か珍しい動物でも見るように、僕は身動きせずにじっと見つめていた。

年齢差の少ない弟に対して、母親を取られたという深層心理が働くと言われれば否定はしない。しかし、一緒に遊んでいれば喧嘩《けんか》もするのが兄弟。ウチの兄弟は仲の良い部類に違いない。大きな泣き声や、「お兄ちゃんが僕のことぶった」「お兄ちゃんが○○をとった」という叫び声が家にはいつも溢《あふ》れていたが。

だが、すぐ下の弟は、少年の僕にとって脅威の存在であったのも事実だ。

まずは、身長。「コイツ、なんかデカイな」と思っていた弟は、小学校に入るとますます背が伸びてきた。僕はといえば、いつまでたってもクラスの列の真ん中。近い将来、弟に見下ろされると恐れ、身長増進の一大決心をしたのは中学一年の春だった。方法はいたって簡単、とにかく、牛乳を飲む。朝食にまず一リットル、学校から帰ったら、また一リットル。他にも時間を見つけては牛乳を飲み、チーズを食べた。一年間で、十二センチ以上伸び、中学卒業時にはクラスの大柄な部類に入っていた。背が伸びたのは弟のおかげなのかもしれない。

現在、四人兄弟の中で僕が一番、背は高い。大人になっても、身長で弟に負けるというのは悔しいものらしい。

この前、兄と並んで写真を撮る時、兄の表情がどことなく不自然なのに気がついた。なぜか体が小刻みにふるえている。ふと足元を見ると、兄は背伸びしているではないか。その気持ち、すっごく分かる。

僕の悔しい思い出は、水泳の飛び込み。弟のほうが早くできるようになった。夏のある日、珍しく成城の裕次郎叔父の家に、兄弟揃《そろ》って遊びに行った。弟達は叔父と一緒にひょうたん型のプールで泳いでいる。皆が次々に飛び込み台から飛び込んで水飛沫《しぶき》を上げるのを、僕は独りで客間のソファーの端に座って眺めていた。弟や叔父の前で、「飛び込むのは怖い」などと言えようはずもない。そのうち叔父が、サッシのガラス越しに部屋の中の僕を見つけ、「こっちにおいで」と手招きするのが見えた。僕は気づかぬ素振りで部屋の奥へと消えるほかなかった。

たまに会っても満足に挨拶《あいさつ》もできない。遊びに誘ってものってこない。叔父は僕のことを、「なんと暗い子か」と思っていたに違いない。それに比べて弟は、叔父が逗子のわが家を訪れた時には、用もないのに大人達の前に出ては何かおどけてみせた。また、身の回りに起こったことを画用紙に簡単なマンガにして皆の目を楽しませたりもしていた。弟はわが家のエンターテナー。そんな彼に叔父が付けたニックネームが『マンガ君』。その頃、偏食児童で給食が食べられず、毎昼休み、教卓の前に居残りさせられていた僕に付けられた仇名《あだな》は『残し男』。えらい違いだ。

ちなみに、ウチの兄弟はあまり友達から仇名で呼ばれることはなかった。僕の『残し男』は、給食がなくなると自然消滅。弟の『マンガ君』も、一過性。兄は中学の一時期、慎太郎の子供だから『シンタコ』と公民の教師に呼ばれていたそうだが、この呼び方は広がらなかった。それにしても、教師が生徒に向かって『シンタコ』などという仇名を付けていいものだろうか。今の時代なら、仇名を契機にいじめられっ子へ転落ということにも成りかねない。当時、当人はさほど気にしていなかったようだが、この話を耳にした親父《おやじ》が、

「ふざけた教師だ、ブッ飛ばしてやる」

と息巻いていたのを思い出す。

軽井沢の夏

四人の中で四男の延啓の『ぶりちゃん』だけは、長く広く使われてきた。誰が言い出したのか、何が語源なのかは今となっては定かではないが、きっと幼子のほっぺたをつまむのに『ぶりちゃん』は語呂《ごろ》も良く、柔らかなほっぺたの感触にも近いからなのではないだろうか。だが、時が流れ「ぶりちゃん」「ぶりちゃん」と可愛《かわい》がられて育った末っ子も変声期を過ぎ、ちょぼちょぼ髭《ひげ》が生え始めた友達に、「おい、ぶり」と呼ばれるのは、見ていて気持ちが良いものではなかった。

そんなある日、母親が『石原ぶり』では、姓名判断の字画が悪いと言い出した。仇名に字画が関係するとは思えぬが、とたんに『ぶり』は、石原家では全面禁止。弟の友人が彼を呼ぶのも、母親がいちいち注意して廻っているうちに、いつしか『ぶり』の呼称は耳にしなくなっていた。

『シンタコ』と、『マンガ君』と、『ぶりちゃん』がやって、なぜか『残し男』だけがやらなかったのがテニス。そもそもスタートで一歩出遅れたのがいけなかった。僕が初めてラケットを握ってレッスンコートに立った時には、弟達まで球を上手にネットの向こうへ打ち返していた。

真っ白なテニスウェアに身を包み、楽しそうに白球を追ってコートを駆け回る弟の姿が眩《まぶ》しい。なんで弟が乱打で、僕が素振りなのだ。これでは兄の立場が無い。テニスレッスンを僕はあっさり辞めた。

夏休みになると『マンガ君』は、友達に別荘へ誘われて軽井沢へ出かけていった。「軽井沢でテニスとは、お前は皇太子か」と、ひねくれた思い出がある。僕だって軽井沢に別荘を持つ友達がいなかったわけではない。ただ、そいつの家の別荘は軽井沢とはいえ、なぜか山の頂に建っていた。自転車で旧軽の街まで行くのはいいが、帰りが辛《つら》い。一旦《いったん》、下界に降りたら日がな一日を、旧軽銀座の一本裏通りにあった雅叙園ゲームセンターで競馬ゲームをやって過ごすほかない。だから僕は軽井沢に、木立が揺れる音だけが聞こえる高原の静けさ、頬を撫《な》でる心地よく乾いた高原の爽《さわ》やかな風、などというイメージは抱かない。発走を知らせるファンファーレが鳴り響き、時折、ブーンと音を立てて扇風機の風が頬を打つのが、僕の軽井沢。小遣いを使い果たし外へ出かけると、アブに喰われた。

軽井沢はさておき、三つ違いの弟の存在は良い意味で僕に刺激を与えてくれた。中学でサッカー部の僕は一年生の時には練習をよくサボり、けっして熱心な部員とはいえなかった。ところが春休みになると、四月に迎える新入部員のことが気になり始めた。弟に負けられないのと同じように、下級生にも負けるわけにはいかない。一年間サボりっぱなしではすぐに〝足前〟も追い抜かれてしまう、と一念発起。僕のサッカーに取り組む姿勢は一変した。僕の前向きな変化をコーチやチームメートが気づいてくれていたかどうかは知らないが、春休みの練習を皆勤したのは二十数名の部員の中で僕ともう一人だけだった。僕にとっては今でもこの春練の皆勤は密《ひそ》かな自慢。これを期におおよそスポーツマンと呼ばれる人種に僕は仲間入りしたと勝手に解釈している。

サッカーに限らず、飛び込みだってその夏のうちにできるようになったし、テニスだって上達した。兄弟で競ったことは、着実に技術の向上につながった。競う相手が身近にいるのは幸せなこと、と冷静に思えるのは僕が今、石原家のテニスチャンピオンに輝いているからだろうか。

画家志望だった親父

競うことなく兄弟仲良く通ったのは、絵の先生。そこには父親の影が見え隠れする。なにしろ親父は、この七月に代官山の画廊で二度目の個展を開いたほどの玄人《くろうと》はだし。知事室にも公用車の中にもスケッチブックを欠かさず、東京の家にも逗子の家にも自分専用のアトリエを構えている。その腕前は例の『21世紀の石原裕次郎を探せキャンペーン』で多くの人が目にしているはず。あの赤いポスターの若い裕次郎叔父の肖像は、その昔、親父が描いたものだ。

子供の頃、「顔を描いてやるから、ちょっとこい」と親父に呼び止められたのを思い出す。なぜかその頻度は兄弟の中で僕が一番多かった。

親父に言わせると、僕の顔が一番描き易《やす》いそうだ。だが子供の僕にしてみれば、おっかない親父と面と向って座るのは、居心地の良いものではない。モゾッと動いては怒られ、親父の筆が進まなくても怒られた。

「今度、お前の顔、描いてやるから」は今でも親父の口癖となっている。有難いやら迷惑やら、年に数度は耳にする。

そんな肖像画の中に、僕のお気に入りの一枚がある。赤いベストを着た丸顔の三十年前の僕が、大胆なタッチの油絵で描かれている。長い間、逗子の家の居間に掛かっていたその絵は、今は僕の寝室を飾っている。

そもそも画家志望だったと、親父は何かのインタビューで語っていた。高校時代には、学校を一年休学して絵ばっかり描いていたが、祖父が急死して画家の道は頓《とん》挫《ざ》した。そこで息子に夢を託そうと、幼い僕等を熱心に絵画教室に誘っていたのだろうか。

教室のアトリエで一生懸命に水彩の筆を動かしていると、黒い革ジャン姿が画用紙を覗《のぞ》き込んでいたような微《かす》かな記憶がある。親父もアトリエに現われていたのだ。

先日、親父の本を読んでいて偶然、幼い日の謎《なぞ》が一つ解けた。それは突然ある日、僕らが絵の教室を辞めさせられたこと。どうやら親父は絵の先生の才能を見限って〝子供を託すに足らず〟と判断したようだ。

今よりずっと若い親父は、その著書の中で、それはそれは手厳しい言葉で相手がずたずたになるまで批判している。

「あるとき、子どもたちの作品をのぞいたら、それが通俗的なアカデミズムなのに驚いて、その先生の作品を試しに見てみたが、あまり愚劣な絵なので、塾をやめさせてしまった」

なにもそこまで言わなくても、先生にも立場があるだろうに。だいいち、先生を最初に推薦したのも親父のはずだ。近頃のバカ女じゃあるまいし、別れ際《ぎわ》に一悶着《ひともんちゃく》起すだけが能じゃない。別れを決意したなら互いが傷つかぬように、静かにフェードアウトしてゆく手もある。親父の著作を読むと、なるほど親父には味方も多いが、敵が多いのも頷ける。

子供の僕らはそんな騒ぎがあったことなど露ほども知らず、翌月から新しい絵の先生の所へ通い始めた。鎌倉《かまくら》の広瀬先生との出会いは僕ら兄弟にいろんな影響を与えてくれた。中学受験を控えた兄はすぐに教室から姿を消すが、それでも慶応普通部に合格の後は、年に一回の作品展の季節になると教室に現われ、便利に先生を利用しては一日二日で大作を仕上げていた。

僕を含めた下の三人にとって毎週日曜日のアトリエ通いは大きな楽しみだった。

水彩や油絵を描くだけではない。粘土や石膏《せっこう》をいじったりバルサやボール紙を使って工作したり、毎回、新しい創作法を広瀬先生は紹介してくれた。

そして何よりの楽しみは、先生がそれまで旅して来たヨーロッパの話をスライドを交えて話してくれることだった。二階建てのバスや石畳の道、聳《そび》え立つ寺院を自分の目で見たように身近に感じる。そして、そこを入口に僕らは、子供ながらにピカソやゴッホの世界を覗き見る機会を得ていたようだ。

祖父のＤＮＡに感謝

さて、肝心の僕の絵の腕前の方は上達したのだろうか。鎌倉の源氏山公園へ写生にいった懐《なつ》かしい油絵がある。桜の並木と通りかかった焼き芋屋さんの屋台を描いているのだが、油絵というよりは漫画だ。屋台に吊《つる》された焼き芋の値段表ばかりが妙にしっかり描写されているのは、芸術家より気象予報士となる僕の未来を暗示しているようだ。

ある日、己の息子の才能を疑わない親父は僕に言った。「幼稚舎の玄関に飾ってあったお前の絵を見て、猪熊弦一郎《いのくまげんいちろう》先生が〝天才だ〟と言ってたぞ」

確かにその年の小学校の作品展で入選した僕の作品は、学校の玄関に飾ってあった。ヨーロッパの古城を写真から模写した百号もの大作だ。だが、「あれは本当に僕が描いた絵なのだろうか」という迷いが、小学五年生の僕の脳裏にはいつもあった。秋の作品展を目指して何か月も前からとりかかったが、日曜日にアトリエに行くと絵の感じが先週とどことなく違う。城壁の歪《ゆが》みが矯正され、石垣の陰影一つ一つが際立っている。一週間のうちに先生が手直ししてくれていたのだろう。学校の玄関に飾られたその絵を、僕は他人事《ひとごと》のように見上げた覚えがある。

何度も親父に絵を家に持ち帰るように言われたが、僕には作品への愛着はなかった。今もあの絵は幼稚舎の美術室あたりに残っているのだろうか。

末っ子の弟・延啓は、デッサンも油絵もうまかった。壁も曲がらず、陰影もある。だいいち、絵に対する姿勢が違う。僕らが先生の話に興じている時も、彼は一人だけ席を離れずに黙々と筆を動かし続けていた。〝好きこそ物の上手なれ〟、弟はそのまま画家の道を選んでしまった。

そんな弟の選択に、親父が反対しようはずもない。自分のやりたかったことを子供にやらせる、親父の深遠なる計画に弟がまんまと引っかかったとも解釈できる。

大学二年の夏、弟は職業として画家を選択することを宣言し、高校から続けていた水球部を辞めた。なるほどマッチョで真っ黒に日焼けした水球選手が絵筆を持って真っ白なキャンバスの前に立っても様にはならない。やっぱり画家は、もやしの様に細身で色白であってこそ芸術性が醸《かも》し出されるというものだ。弟は経済学部に通うことにも意味を失っていたが、親父は大学中退を認めなかった。

僕は大学在学中に芸能界デビューしたが、ある時「ちゃんと大学は卒業したのか」と親父に詰問《きつもん》されたことがある。

卒業など何年も昔の話、ましてや僕の職業、俳優に学歴など重要とは思えぬのだが、問いただす親父の目は真剣だった。親父は僕の場合と同様に、弟の大学卒業の学歴にこだわりがあったようだ。

一流大学志向、大企業崇拝、官僚支配。そんな社会の既成概念をひっくり返すべく新しく若い力を結集しようと闘ってきたのが、作家であり政治家である石原慎太郎。その一方で「大学だけは出ておけ」という保守的な親父もウチにはいた。それはまともな企業人だった祖父のDNAのなせる業《わざ》に違いない。

「学校なんか行かなくてもいい」「教師の言うことなど聞くことない」と説き、「卒業だけはしておけ」「先達を敬え」と説く。

相容《あいい》れない二つの思考が並列しているところがウチの面白いところ。とはいえ既成概念を打破することだけを考えている親父《おやじ》だったら、石原家が一家離散していたのは間違いない。今さらながらに祖父の遺伝子に感謝する。

石原家の『お受験』

どこか普通とは違う家庭環境から子供を守るために、石原家の均衡作用が働いた結果が慶応の付属小学校である幼稚舎受験だったのかもしれない。母親は四人の子供と子育てに無関心な夫を抱えて、先々、次々に繰り返されるであろう子供達の受験を考えたら、エスカレーター式の付属校に子供を入れておく他ないと考えたという。だが当時は、親父は東京で華々しく活躍していても、残りの家族は逗子の田舎

全員スーツ姿の石原家の記念写真〔1984〕

逗子の自宅前で　父と四兄弟　著者の浴衣だけがなぜか短い〔1982〕

者だったから、都の私立校事情などには、とんと疎《うと》かった。そこで兄は受験を逸し、僕の段になって石原家も『お受験』時代を迎えることになった。

〝リンゴ、みかん、バナナ〟が、僕のお受験の記憶。幼稚園を早退して隣町の鎌倉へ塾通い。ストップウォッチ片手の先生の合図でそれぞれの果物に○×△をつけていく。鼻歌を歌いながらやったら、その回の成績は格段に悪かった。だが僕の幼児体験は現在に生かされていない。しゃべり過ぎるゴルフもマージャンもスコアーは振わない。

模試で東京に出るのは大きな楽しみだった。道には車が溢《あふ》れ、都電が走り、桃色の立体交差が二重、三重に道を跨《また》ぐ。今は毎日通りかかる西麻布《にしあざぶ》の交差点こそ、当時の僕にとっては都会の景色。それまで兄弟順番制で母親に買い物へ連れて行って貰《もら》った、横浜高島屋の屋上か、横須賀さいか屋の屋上を遥《はる》かに凌《しの》いでいた。そしてなにより、順番に関係なく母親に僕だけ東京へ連れていって貰えるのが嬉《うれ》しかった。ひと頃、テレビや雑誌を賑《にぎ》わしたお受験記事。どれほど両親が受験にヒートアップしていたのか、手を引かれるだけの僕は知る由《よし》もない。ただ、僕が無事合格して弟が続き、末の弟が受験の時、「もう何度も、幼稚舎の先生には会っているから」

と面接をサボってヨットで出かけようとしていた親父が、お受験に熱心ではなかったことは確かだ。その陰で母親に苦労が倍かさなったのも間違いない。母親の努力の甲斐《かい》あってこそ、石原家のお受験は4勝0敗。僕と弟二人は慶応幼稚舎に、兄は慶応普通部（中学校）に無事入学を果たすことができた。

もしエスカレーター式の付属校にいっていなかったら、僕ら兄弟の今はどうなっていただろうか。

勉学に目覚め、親父の嫌いな東大から親父の嫌いな大蔵省へ進んだ者がいたかもしれない。それとも母親の目が届かず、ドロップアウトした者がいたのだろうか。

兄弟のうち一人もぐれずに、皆まっとうに大学を卒業した、とよく驚かれる。そしてこの前は、「僕は万引きをしたことがない」と言って驚かれた。小学校では買い喰いできず、中学校ではミスタードーナツになかなか入れず、高校では制服で喫茶店に入るのを躊躇《ちゅうちょ》したマジメ君の僕に、万引きなどできようはずもなかった。万引きの一つも経験していない人間は器量が小さいというのなら、万引きの経験があるか否《いな》か、他の兄弟にも聞いてみたいものだ。

「ご苦労かけられました」

親父にとっても家族にとっても、僕が芸能界へ進むことは意外だったに違いない。僕自身、経済学部の金融論というお堅いゼミに身を置いて、兄の選んだヤクザなテレビ局よりまっとうな、総合商社に将来は進むだろうと漠然と思われていた。そこに降って湧《わ》いたような映画の出演話。もちろんそれは叔父・裕次郎のファミリーコネクションであることは言うまでもない。学生の僕は先々の考えもなく、漠然と出演を承諾したのが役者の道のスタートとなった。

僕が映画に出ると申し出ても親父は驚きはしなかった。なにしろ親父の新卒の就職先は東宝。その後は作家を生業《なりわい》としながら、何本かの監督作品に何本かの主演作品まである。叔父と同様、親父にとっても映画界は、勝手知ったる世界だったようだ。

僕が決断した映画出演の話は、夕食後に短い言葉で親父に報告しただけで終わったと記憶している。だがその夜、僕の部屋のドアが突然、開いた。寝ぼけ眼の僕に、廊下の電球でシルエットの親父が質問した。「芸名はどうする」。僕はあまり考えもせず「本名でいいんじゃないの」と答えた。

親父は「そうだな」と頷《うなず》くとドアを閉めた。こうして僕の芸名は無し。字画にうるさい石原家では、名前を研究し始めたら切りが無い。

この世界に僕が入って驚いたのは、行く先々で叔父の名前を耳にすることは予期していたが、親父の名前にもよく出くわしたこと。テレビ局や制作会社のお偉いさんで、その昔、映画監督の親父の下に助監督で付いていたなどという人が現れる。「その節は、親父がご苦労かけました」と僕が言うと、「ご苦労かけられました」と笑ってはいるが誰も否定はしない。新進気鋭の流行作家の我がままは、三十年経《た》ってもまだ風化していないようだ。

僕が初舞台の時も驚かされた。公演前日、舞台稽古《げいこ》を見ていた親父は僕を呼び寄せた。芝居については言いたいことは山程あるのだろうが、舞台装置を指差して照明が切れていることを指摘した。舞台の原作、演出もこなした親父の目は玄人《くろうと》はだし。小説から映画、舞台までこなしてきた親父の活動の場を考えれば、政治家の兄より俳優の僕の方がずっと親父の生業に近い職種を選択したのかもしれない。

僕の兄貴は裕次郎か？

『まっとう』という称号があるのなら兄弟のなかでは三男の宏高にその称号を授与しよう。試験前夜、兄は及第点ぎりぎりを目指し、ヤマを張った部分だけ勉強する。僕は普段とは人が変わったように、完璧《かんぺき》を期して徹夜で勉強する。末っ子は、勉強しながら寝入っていた。ところが宏高だけは試験の前夜は、普段より早く寝る。日頃から予習復習しているから、特別に試験勉強は必要ないというのだ。でも僕は、早くに消えた弟の部屋の灯りをみても、ちっとも羨《うらや》ましくはなかった。毎日勉強するくらいなら、一日二日徹夜したほうがずっとましだ。

毎日毎日、母親に言われなくても机に向かい、ものを頼むと「いいよ」と快く引き受けてくれる。勤勉で従順な弟を見ていると、無理難題を押し付けてみたり、じゃれあう振りして小突いてみたくなるのが兄心。些細《ささい》なことで弟を困らせて、その反応を楽しんだりもしていた。

僕は先頃までドラマ『ナースのお仕事3』というドラマで浜野雄一という医者を演じていた。浜野は研修医の高杉のことをカルテで小突いたり、看護婦の前でわざと怒鳴ってみたり、なにかにつけてはいじめている。ここで弟をいじめていた経験が立派に生かされた。弟同様に高杉役の藤木直人君の瞳《ひとみ》がクルクルッと廻ると「もっと、いじめて」と言われたような気がして、あたりを見回し適当な小道具みつけては新手のいじめを考える。もちろん浜野は高杉の行く末を思い、兄は弟のことを思いやる。二人への仕打ちの裏側に愛があることを忘れてもらっては困る。

もう一つ演技プランに組み入れていたのは、例の本会議場で親父が見せたあの目つき。チラッ、チラッと左右に視線を送り、最後は上目使いに真ん中を見据えて怒鳴る。これはナースステイションで看護婦を並べて怒鳴るときに使わせていただいた。その心は「お前ら皆、バカばっかり」。

母親が一番手が懸からなかったという三男は、ゼミ代表から経済学部全体のゼミナール委員長を務めて、大手銀行に就職した。親父が反対しようはずもない。そもそも親父も一度は同じ金融の道、公認会計士を目指していた時期がある。祖父が急死して、祖母と叔父の三人家族の家長となり一家を食べさせるために、画家の道を諦《あきら》めて高給取りの公認会計士となることを決意したのだという。ところが数字の羅列の中には自分の世界を見出《みいだ》せないということか、無類の簿記嫌い。小説『太陽の季節』が文芸誌の新人賞に輝くと、公認会計士から文学の道にあっさりと転じてしまった。親父は毎日、数字と取り組む息子をもの珍しく眺めているのだろうか。

まっとうではない、子供期から少年期へと育っていったのが長男。これはひとえに、一刻も早く息子を男友達としたがった親父の仕業。上二人と下二人に分かれていた兄弟の構図は、徐々に兄と僕等三人という配列に変化する。たとえば家族の移動。山中湖の叔父の別荘へ行くのに、祖母や母親、幼い兄弟は乗用車で、兄は親父のスポーツカーの助手席に収まる。

伊豆《いず》半島へは僕等は電車、兄は親父とヨットに乗り組んだ。それでも幼い僕らにしてみれば、親父はおっかないばかりの存在。あんな者とよく平気で一緒に居られると、羨むよりも感嘆の目で見ていたのも事実だ。今でも時々、親父は兄貴を人に紹介するのに「弟の裕次郎です」と口にしてしまう。親父にとっての仲の良い遊び相手は、裕次郎から伸晃へと受け継がれてきたようだ。

当時、恒例だった夏の逗子の家のパーティーで、顔見知りの親父のヨット仲間やクルーと談笑する大人びた兄の姿は、僕にはとても五つ違いの中学生とは思えなかった。

親父に受けた遊びの手ほどき

自分が興味を持つことには、子供も興味があるだろうと独善的に解釈する親父に、兄もぴったりと寄り添っていた。その期待に応《こた》えるべく中学三年の兄は、太平洋横断ヨットレースに自ら志願した。この年、ロスアンゼルス～ハワイ間で競われるトランスパック・ヨットレースには、叔父が愛艇『コンテッサⅢ世』でエントリーしていた。その艇に忙しくて参加できない親父の代わりに、兄が学校を休んで乗り組もうというのだ。学校ではやしなえない貴重な体験が世の中にはいくらでもあるというのが親父の持論。兄は大海へと船出していった。

僕らも、「家族揃《そろ》って艇をホノルルで迎えよう」という親父の音頭《おんど》で、学校をサボってハワイへ出かける算段は整っていたのだが、風雲急を告げる衆議院選挙の雲行きにあえなく出迎え計画は頓挫《とんざ》してしまった。

大海で、どのような貴重な体験を得てきたのだろうか。兄は黙して語らない。平素なら貿易風にのって優雅に航跡を延ばしてゆくはずの航海も、この年は天候不順。ロスを出てからハワイの島影を眺めるまで、ずっと向かい風の時化《しけ》の海が続いたという。船酔いで動けなくなり、何日間も何も食わずにバースでマグロの様に横たわる兄を見て、叔父は「こいつは、死ぬかもしれん」と思ったそうだ。

兄の口からトランスパックの話は一度たりとも聞いたことはない。

僕も十年前、危うく同じ轍《てつ》を踏むところだった。正月休みのグァム・レース。親父に、「名代で艇に乗ってこい」と勧められた。

冬の季節風にのって日本から追い風一本。本土から離れるにつれ、一枚一枚着ているものを脱ぎながら常夏《とこなつ》の島にたどり着くレースの素晴しさを、なにかにつけ説明される。なにより石原家の人間の脳裏に宿る〝男は海を渡らなければならない〟という観念が頭をもたげた。

だが僕は「いきます」ときっぱり返事をする一歩手前で思いとどまった。はたしてレースはスタート直後、猛烈に発達した低気圧が進路を阻《はば》み、真冬の海は大時化。転覆沈没事故をひき起こし、死者、行方不明者が続出した。わが『コンテッサⅥ世』も、強風でマストを切断し八丈島に逃げ込んだ。陸で思うほど海は甘くない。兄の無言の経験談は立派に生かされた。

親父の一番若い友達と目される兄のそれでも偉いところは、親父に受けた遊びの手ほどきを僕らにもちゃんと伝えたことだろう。店やメニューの選び方。酒や料理の飲み方や食べ方。親父の横で見聞きしたレシピが、僕の元にも廻ってくる。「まっ、赤はボジョレにしておきなさい」。ちょっと気取った兄貴の口調は、そのまま、どこかで親父が兄に話した言葉に違いない。

六本木のスナックで初めて店の表が白むまで酒を飲んだのも、苗場のディスコで初めて酩酊《めいてい》してぶっ倒れた僕を回収してくれたのも、兄貴だった。

裕次郎叔父の「二億円」

文学部を卒業して日本テレビの報道記者をしていた兄が、当時の東京四区（杉並、中野、渋谷）から衆議院選挙に立候補することを表明した時期は、親父《おやじ》が安倍《あべ》派から脱会して石原グループを結成し、僕が石原プロを辞めて事務所を設立したのと重なった。

期せずして石原家の大変革期となったこの頃、某週刊誌が『男三人、それぞれの旅立ち』と銘打って、親子三人の座談会のページを提供してくれることになった。当日はスーツを着込んで実家に集合。司会役の編集長やスタッフと共に親父を待ち受けていると、ようやくカーディガン姿の親父が現われた。

時折、撮影のフラッシュが焚《た》かれる衆目の中の座談会は、いつもの親子の会話とは勝手が違う。緊張のうちに始まった座談会は、どうにも話がスムーズに進まない。するとと業《ごう》をにやした親父が両手で兄と僕の口を制した。

親父の独演会となった座談会がボツになったのは言うまでもない。たとえ親子といえども表舞台に立てば、それぞれの看板を背負ってライバルとなる。親父の強力な腕力を思い知った印象深い出来事だ。

とはいえ親父と共に戦おうと、同じ職域に飛び込んだ兄貴はその昔「大きくなったら、親父を助けてやるんだぞ」と叔父に言われていたという。そんな兄の立候補を「俺に迷惑をかけるな」と言いながらも、親父が歓迎せぬはずはなかった。

初当選の祝勝会では「では、石原先生どうぞ」と登壇を促す司会者の声に、「親父は会場に来ていないのに」と僕と顔を見合わせた兄。自分が先生となったことにも気づかなかった初々《ういうい》しい政治家も、四回の当選を重ね、白髪が増えたこともあいまって、最近は随分とプロらしい面構《つらがま》えになってきた。僕は兄貴に、金融再生法で政策新人類と持て囃《はや》された時よりも、都知事選の親父の応援で党に反旗を翻《ひるがえ》した時よりも、最近聞いた演説に政治家っぽさを感じた。喉《のど》をおもいっきり拡《ひろ》げた低い声。イライラするほどゆっくりな口調。「政治家は言葉が命だ」と首相の失言を叱責《しっせき》する政治評論家がテレビで力説していた。なるほど声高で早口な石原家の人間だからこそ、意識して話は聞き手が充分に理解できるよう丁寧にしゃべる。「親父の良い部分は踏襲し、親父の悪い部分は改める」兄貴の信条が窺《うかが》える。

政治家を兄に持つ俳優の弟。この構図は奇《く》しくも親父と叔父の関係に合致する。その昔の都知事選。美濃部《みのべ》都政に挑んだ親父は、選挙戦終盤でも苦戦が伝えられていた。その時叔父は、ジュラルミンケースを持って選挙事務所に現われる。当時のお金で二億円を、「好きに使ってくれ」の一言で親父の前に差し出した。親父は戦いの趨勢《すうせい》と石原プロの行く末を案じ、申し出を丁重に断わったという。これを誠の兄弟愛というのなら、僕もそのうちお金を掻《か》き集めて兄貴の元を訪れなければならないのか。やっぱり次男は損だ。

「政治家は選挙に落ちればただの人。俳優はテレビに出なけりゃただの人。画家は絵が売れなければただの人。銀行員こそ二十一世紀の石原家の希望の星」と弟は結婚式で、親父の大嫌いな新郎新婦の花束贈呈の代わりに、新郎の彼自身が来客の皆さんへスピーチを披露した。

希望の星の銀行員でさえ金融再編の今、厳しいサバイバルゲームの渦中《かちゅう》にいる。だが各々《おのおの》が決めた道を引きさがれない。

「男なら海を渡れ」と教えられてきたのだから。

小樽へ――祖父・石原潔《きよし》の面影

北の街の痕跡《こんせき》

「小樽は僕にとって、第二の故郷です」。きっちりと結んだ口元。しっかりとレンズを見据える目。そこでカメラは僕の顔にズームする。そして、ひと呼吸ふた呼吸。

「ハイ、ＯＫ」とディレクターから声がかかった。

それは小樽の『石原裕次郎記念館』での取材ロケの一コマ。札幌で催される発明展に合わせて制作された、街の発明家を訪ねるといった道内向けのローカル番組だったと記憶している。だが、番組のエンディングはなぜか裕次郎記念館のロビー。僕の番組の締めコメントは、演出サイドのたっての願いでセリフは決まっていた。

第二の故郷だなんて無責任な。取材やドラマのロケで小樽を訪れたことは何度もあるが、僕はこの街に暮らしたことなどない。だいいち発明展の番組と僕の第二の故郷は、なんの関係もないではないか。訝《いぶか》しがる僕に、「石原さんが小樽を故郷と呼べば、北海道の人は喜ぶんです」とカメラの向こうからディレクターは笑いかけた。

たしかに、彼の言葉も満更、嘘《うそ》ではないようだ。街に出ると、思わぬ声をかけられる。

「緑町の家はまだあるのかね」

「稲穂小学校で、お父さんと一緒だったよ」

「お祖父《じい》さんがお勤めだったのは、山下汽船だよね」

小樽に祖父、祖母、親父《おやじ》、裕次郎叔父の石原家四人が暮らしたのは、六十余年も昔のこと。それでも僕は、祖父家族が北の街に暮らした痕跡に出会っていた。

祖母や親父の話の端々から、断片的にしか知らなかった石原家と小樽の関わり。僕が初めてそれを目にしたのは、〝俳優・石原裕次郎が幼い日の故郷・小樽を訪ねる〟といったNHKの紀行番組だった。

プロダクション関係者や番組スタッフ、近所の野次馬に囲まれて賑々《にぎにぎ》しく叔父は坂道を登って行く。時折、アナウンサーから向けられるマイクに、叔父は少しはにかみながら子供の頃の思い出を語る。通学路として利用していたという入り組んだ小道を抜けると、一団は生け垣に囲まれた一軒の家に到着した。うぐいす色の屋根に立派な煉瓦《れんが》の煙突を突き立てた建物は、洋館と呼ぶにはいささか慎《つつ》ましいが、北海道ならではのモダンさが漂っていた。

二重サッシになっている玄関以外、外見はほとんど昔のままだと叔父は懐《なつ》かしそうに家を見上げる。現在の住人と挨拶《あいさつ》を交し、家の中に招き入れられると、叔父は嬉《うれ》しそうにニコリと頷《うなず》いた。さして歳《とし》の差もなかろう家主への叔父の語り口が、だんだんとやさしく丁寧になっていく。それは家の主《あるじ》に対する礼節。叔父は目に映る懐かしい景色の中に、祖父の影を見出《みいだ》していたに違いない。テレビの前の子供の僕にも、叔父が一瞬、無防備な幼い日の裕次郎に見えた。

祖父一家が山下汽船の支店長として神戸から小樽に転居したのは昭和十二年のこと。当時、親父は五歳、叔父は三歳。

ある時、親父に神戸に住んでいた頃の記憶はあるかと尋ねると、「五歳にもなっていたのだから、当り前だ」と怒鳴られた。市電の線路に王冠や釘《くぎ》を並べては、電車に轢《ひ》かれてぺったんこになるのを、物陰に身を潜め眺めていたというから立派な記憶だ。叔父については、「三歳の裕次郎には記憶はないのでは」と親父は語る。

しかし僕は、こんな話を聞いたことがある。叔父が日活から独立して自前のプロダクション『石原プロ』を設立し、映画制作に乗り出した第一作が『太平洋ひとりぼっち』。この映画は、ヨットで太平洋単独横断を日本で初めて成し遂げた堀江謙一氏の物語だが、堀江氏は関西の出身である。映画の中で主人公を演じる叔父は、完璧《かんぺき》な関西弁で母親役の田中絹代と渡り合ったと聞く。その発音は、音感の善《よ》し悪《あ》しの域を越えたネイティブなものだったと多くの人が感心したそうだ。「三つ子の魂、百までも」、叔父の原体験のなせる業《わざ》に違いない。

そういえば先日、ロケで訪ねた神戸のおでん屋さん。おでん屋の店主が、古ぼけたセピアカラーの写真を一枚、自慢気に取り出してきた。写っているのは、どう見ても幼い親父。「俺は、親父さんの同級生さ」と店主は笑う。……となると、神戸は僕の第三の故郷になるのだろうか。

小樽の『ドンちゃん』

さて、一家が移り住んだ戦前の小樽は、北海道一の物資の集散地であり、内地の銀行はこぞって小樽に支店を開設した。銀行の荘厳《そうごん》な石造りの建物は、今や観光客に人気のレトロ調のホテルやレストランに改装されたりもしているが、市内に点在するそれ等の建造物は小樽の往時の繁栄を伝えてくれる。小樽は札幌を遥《はる》かに凌《しの》ぐ大都会だったのだ。

小樽の港からは、道内や内地向けは言うに及ばず、大陸や樺太《からふと》へと航路が続いていた。その港で物流の大半のシェアを誇る汽船会社の支店長であった祖父の暮らしを、「ある種の王侯貴族のようだった」と親父は述懐している。祖父は毎夜のように料亭『海陽亭』で宴会を催していたと聞く。港を見渡せる大広間で、自社の船が無事入港すると、祖父が大きな太鼓をドンと打つ、それが開宴の合図。太鼓の響きそのままに、祖父に付いたあだ名が『ドンちゃん』。しかしそのニックネームに、王侯貴族というよりは、南洋の首長を連想するのは僕だけではなかろう。

それにしても石原家の人間は、港に帰ってきた身内の船に合図を送るのが好きだ。親父は逗子湾を見渡す小高い山の中腹に家を建てると、屋上に一本のマストを立てた。愛艇『コンテッサ』が入り江に入ってきたら旗を掲げて合図を送るためだ。家には0から9まで、AからZまで、信号旗が一揃《ひとそろ》い用意されていた。

ある時、兄がマストに旗を揚げて遊ぼうと言い出したのを思い出す。早速、ふたりして旗が入った段ボール箱をひっくり返す。だが、箱の中には紺や黄色の信号旗ばかり。どうせ揚げるなら見慣れた奴《やつ》を、と箱を引っ掻《か》き回しているうちに、なぜかユニオンジャックが出てきた。

旗をマストのシートにシャックルで留め、でたらめに国歌を歌いながら国旗掲揚。風にたなびく英国旗をしばし見上げて子供の遊びは終わった。ところが夕刻、帰宅した親父に「よその国の旗を揚げるとは、なにごとか」と思いのほかに叱《しか》られた。僕等兄弟は、無意味な合図は送るものではないことと、国旗、国歌は大切なものだということを学んだ。

小樽の『海陽亭』は明治二十九年創業。伊藤博文公の北海道巡察の折には、公の宿泊所ともなった道内随一の料亭だった。小樽経済界の第一人者となった祖父は、夜毎《ごと》の宴会がお開きになっても、歩いて帰れる距離の我が家に戻らず、何日もそのまま店に居続ける。巷《ちまた》では、祖父と料亭の女将《おかみ》の仲を公然と疑う声さえあったと聞く。それでも祖母は、親父と叔父の幼い兄弟に命じて、祖父の着替えを料亭に届けさせていたという。古《いにしえ》の北の港では、働く男は、皆、豪気。見守る女は、皆、健気《けなげ》だったということか。

十年程前、僕は映画のロケで小樽に一か月の長逗留《ながとうりゅう》をする機会があった。祖父の催した宴会には遠く及ばなくとも、一度は『海陽亭』の座敷に上がりたい。意を決した僕は、監督をはじめ映画のメインスタッフを招待し、慰労会の宴席を店に申し込んだ。

大通りから折れ、小高い丘のわき道をタクシーが駆け上がると、木立の中に店は現われた。真夏のなかなか暮れない夕日の中に、祖父の時代と変わらぬ建物がシルエットとなって浮かび上がる。少し緊張した面持ちで玄関に足を踏み入れると、先代女将の息子の嫁である当代女将が、親父や叔父と同様に三代目の僕を暖かく迎えてくれた。

座敷に通される前に、「ぜひ、祖父が夜毎、宴会を催した大広間を見学したい」とお願いすると、女将は快く案内してくれた。木が黒光りする館《やかた》の廊下には赤いカーペットが敷き詰められている。それでも足元からは、優しい木の感触が伝わってくる。ギシッと音を立てながら、広くて急な階段を手すりを頼りに上がると広間はある。女将に促され、そっと襖《ふすま》に手を掛け開けてみる。スルスルと目の前に拡《ひろ》がった二百畳の空間に、思わず口元が緩んでしまう。高い天井、欄間や梁《はり》や天井の細工が往時の栄華を偲《しの》ばせる。話に聞いていた〝あの大広間〟がそこにあった。

僕は、祖父はどこに座っていたのだろうか、何を眺めていたのだろうか。あれこれ想像しながら、広間のあちらこちらに座ったり寝転んだりしてみる。寝転ぶ僕の目の前で、海側の障子を女将が開くと薄闇《うすやみ》の中、丘下の埋立地に並ぶ家の屋根越しに海が見えた。だが、祖父が見ていた海は眼下まで迫り、広間からは遮るものなく小樽湾全体を見渡せたという。夏には窓という窓を開けはなし、港に出入りする船に目を光らす祖父。僕の頭に浮かんだその姿は、着物の上半身を露《あらわ》にし、手拭《てぬぐい》を鉢巻している。そして太鼓をドンと打てば、祖父の姿は盆踊りの櫓《やぐら》の上。祭だ、祭だ……小樽の栄華に思いを馳《は》せた。

正面にあつらえられた舞台の袖に、太鼓が置いてあるのを発見した。僕は、女将さんの許しを得て太鼓を打たしてもらう。大海を無事に乗り切った大きな貨物船をイメージして僕が桴《ばち》をふるうと、太鼓はポコンと音をたてた。

料理を平らげ、杯を飲み干す。なにか暖かいものに包まれて夢心地で、宴の時間はあっという間に過ぎた。女将に見送られて迎えの車に乗り込んだ僕は、闇の中に鎮座する館を最後にもう一度、振り返る。木立を揺らす夜風にのって、太鼓の音と大勢の笑い声がたしかに聞こえた。その夜、僕は時間を越えて祖父との宴を楽しんだ。

祖父の口髭《くちひげ》

僕の祖父である石原潔は、昭和二十六年の秋、五十一歳の若さで急逝している。会社の会議中に鼾《いびき》をかいて居眠りを始めた祖父の異変に、初めは誰も気づかなかったという。高血圧の兆候はそれより以前に、当人はもとより家族の知るところだっ

祖父一家が暮らした小樽の家〔1990／著者撮影〕

祖父が打つ太鼓の音が宴会を始める合図だった（左は当代の女将）

祖父が宴を張った『海陽亭』の大広間

祖母と兄と著者
カナダ旅行でのロッキー山脈にて〔1977〕

たが、会社のため、復興する日本のため、祖父は休むことなく精力的に仕事を続けていたという。その結果の脳溢血《のういっけつ》の発作は、祖父本人も充分に想像しうるものだったろう。僕は祖父の死を、企業戦士の確信犯的戦死、と解釈している。

祖父が亡《な》くなった年には、親父はまだ高校生だから、当然、僕は生前の祖父を知らない。僕が唯一《ゆいいつ》祖父にお目にかかるのは、祖母の部屋のテレビの上に飾られた写真でだった。祖母が亡くなって仏間になった実家のその部屋で、僕は今も時たま、写真の祖父と目を合わせる。

恰幅《かっぷく》の良い体格に、白いジャケットと蝶《ちょう》ネクタイ。色グロの肌に口髭をたくわえて微笑《ほほえ》む姿はいかにも大会社の重役然としている。親父や叔父をはじめ、自由業の人間ばかりを輩出する石原家の中で、立派に会社を勤めあげ役員にまで昇進した祖父は希有《けう》な存在だ。僕は映画やドラマの役柄で実業家や会社員を演じる時には、写真の祖父の笑顔を思い浮かべて、祖父から受け継いだ部分のＤＮＡを最大限に発揮するように心がけている。ドラマ『教習所物語』では、教習所の理事長役を演じたが、祖父に倣《なら》って髭をたくわえてみた。ボンドでくっつけたつけ髭でも、メイクを終えた顔を鏡に覗《のぞ》き込み、髭を指先でなぞっていると、人の上に立つ人間の心構え

「ドンちゃん」こと祖父・石原潔

転勤先の小樽にて家族写真
左から祖父・潔、叔父・裕次郎、祖母・光子、父・慎太郎

が浮かんでくる。満足気に笑みを浮かべるその顔が、ほんの少し太ったら祖父と瓜《うり》ふたつなのもＤＮＡのなせる業《わざ》だ。

親父《おやじ》から祖父のことを聞く機会は滅多にないが、とても印象に残る話がひとつある。このエピソードは後に、親父の短編集にも、数年前に話題となった小説『弟』にも登場する。それほど親父にとっても思い出深い出来事だったに違いない。

チョッサー（一等航海士）の死。ある朝、祖父は、親父と叔父の兄弟を車に乗せて海岸に連れ出したという。沖合いの岩礁《がんしょう》には前夜の嵐《あらし》で難破した商船が、無残に赤い船腹を晒《さら》している。砂浜に横たわる何かを覆《おお》い隠す筵《むしろ》。祖父が幼い兄弟の目の前で筵を剥《は》いでみせると、そこには白く透き通った蠟《ろう》人形のような若者の顔があった。一等航海士は船が難破すると、皆を助けるためにロープを持って海に飛び込んだという。自分は助からぬかもしれない、自分が死ぬかもしれない嵐の海へ。

「男には、それでもそうしなければならないことがある」

僕に聞こえる声は、親父の声であり祖父の声でもあった。僕を見つめる目は、親父の目であり祖父の目でもあった。

今から十余年前、まだ日本経済が好調で日米貿易摩擦が叫ばれていた頃。親父は自動車不況の街デトロイトに、アメリカ人労働者との対話に単身乗り込んだ。当時のミスター石原といえば、『「NO」と言える日本』の著者としてアメリカのマスコミのターゲット。アメリカ行きの話を聞いた多くの人が、向こうで何か起こった時のことを真剣に心配した。果たして、デトロイトでの親父は、上着を脱ぎ捨てて熱のこもったスピーチと、取り囲む白人の大男達とのディスカッションにご満悦で帰国した。白いワイシャツが鮮血に染まるようなことがなかったからいいようなものの、〝そうしなければならないこと〟には、常にリスクが伴う。

祖父にはそんな表向きの顔とは正反対な家庭での一面もあったようだ。家に戻った祖父は、並々ならぬ子煩悩《ぼんのう》な父親だったという。生前の祖父を知り、また祖母からも折に触れ祖父の話を聞いてきた母親は「お父様は、おとうさんや裕さんのことを本当に可愛《かわい》がっていらっしゃった」と証言する。その証拠となるのが、親父の本棚にある古いアルバム。

祖父はその当時、まだまだ貴重品だったフィルムを惜しげもなく使い、二人の兄弟をファインダーに収めている。それも整列しての記念写真ではなく、何かに子供等が熱中する様を、時には後ろ姿を何枚もスナップしていた。そしてなにより驚かされるのは、それ等の写真が子供を見下ろしているのではなく、子供と同じ目線で写されているということ。手札サイズ、名刺サイズ。大小様々な写真のどれを眺めても、仲良く並ぶ幼い兄弟の背中を今にも抱きしめそうな、撮影者の思いが伝わってくる。それ等の写真は台紙に貼《は》られ、添え書きが加えられて二冊のアルバムとなり、一冊は親父の書庫に、一冊は小樽の記念館に現存している。

石原家とヨット

だが、そんな写真が僕の身に、思わぬ災いを招いたことを近年、母親から教えられた。

悲惨な記憶はオレンジ色のセピアカラー。ほどなく相模湾《さがみわん》に落ちそうな夕日に照らされて、裸足《はだし》の僕は泣きながらどこまでも続く芝生の上を歩いている。兄と僕は、なぜか親父のお供で葉山のゴルフコースへ出かけていた。そこはゴルファーには悪名高い山岳コース。大人でもきつい登り下りに幼い僕は、周りの景色や親父のプレーを眺める余裕は露ほどもない。靴ずれのマメの痛みに耐えかねて靴もない。涙が枯れ果てた僕はそれでも泣き続け、親父の手に引きずられるようにして芝生のコースを歩いた。「もうすぐだ。もうすぐだ」と僕をあやす親父の声はどこか楽しげで、恨めしく見上げた顔が笑っていたのをかすかに覚えている。

その昔、小樽の祖父も親父と叔父の幼い兄弟を、ホームコースの銭函《ぜにばこ》のゴルフ場へ連れて行った。広々とした芝生を駆け回ったり、フェアウエイ横の小川の小魚を興味深気に覗き込む子供達の姿がカメラにしっかりと記録されている。母親の話では、どうやら親父もそれを真似《まね》したらしい。なのにその写真がないとは、どういうことだ。問いただす僕に、「あの時のお前は、ビッキビッキと泣いて、とても可愛かったぞ」と親父はまた笑う。アルバムから始まった親父のちょっとした思いつきが、僕には忘れられれぬ悲惨な思い出となった。

祖父の子供への愛情は時に、家族に分不相応な買い物となったという。ベルリン・オリンピックの年には、育ち盛りの兄弟にわざわざ日本選手団と同じブレザーコートをあつらえて、市内の写真館で二人の記念写真を撮っている。写真の中の親父が、写真屋の注文の通りにきちっとポーズを決めているのに、隣の叔父はプイッと口をとがらせ不服そうなのは、そのまま大人になった二人を写しているようでおもしろい。

究めつけの贅沢《ぜいたく》は、昭和二十年代半ばに、ヨットのディンギーを買い与えられたことだと、いつになく低く抑えた神妙な声で、感謝の念を込めて親父は語る。中古とはいえ、当時の金で二万五千円もする艇を、大金持ちでもない一介の会社員が子供に買い与えることは常識からは逸脱している。しかしこの艇で、親父は孤高のセーラーとして、叔父はガールフレンドを伴って、湘南《しょうなん》の海を駆けたことが二人の人生に多大な影響を与えたことは誰も否定しえない。

僕も芸能界にデビューした頃、「やっぱり良純《よしずみ》さんも、ヨットに乗るのですか」と、よく聞かれた。年に一度か二度、お客さんとして乗せて貰《もら》うクルーザーはともかく、ディンギーなどの小型のヨットに乗る機会はほとんどなかった。それでも親父は、自分が熱中するヨットの魅力を伝えたくて、何度か僕を二人乗りのカタマラン（双胴型ヨット）に乗りに葉山の築港へ連れ出した。頭上を低くブームに抑え込まれ、マストとティラーのわずかな空間に体をくっつけ合い並ぶ。僕は波飛沫《しぶき》を浴びながら、目前に拡がる海と同時に、ふたりっきりで出かけてきた親父に緊張していた。

逗子湾内をアビームで行ったり来たりしながら、タックを繰り返す。艇がどこまで風にのぼるかは、体で覚えるより他ない。タックのタイミングが分かりかけたところで舵《かじ》取りを任された。高速性に優れたカタマランは順風の南風の下でも、音もなく海面を切り裂くように走る。艇はあっという間に湾を渡り切り、浪子《なみこ》不動の磯《いそ》がみるみる近づいてくる。親父の指示に従ってティラーを奥に送り込み、舳先《へさき》が風上に向き始めると速度は徐々に減退する。セールがたわみ、反対面で風を捉《とら》える一瞬前に「タック」と声を掛けながら、僕等は反対側の舷《げん》側《そく》に移動する。再びセールが風をはらみ、艇が勢いを取り戻して初タックは無事に完了した。ティラーを力一杯に握っていた僕が顔を上げると、シートを操る親父が僕以上に喜んでいたのを覚えている。

結局、僕はセーラーには成りえなかった。果てしなく続く波のうねりや、日焼けした肌を癒《いや》してくれる潮風は充分に魅力的ではあったが、ヨット界の顔役の親父の傘《さん》下《か》に入るのに気が引けたからなのかもしれない。

そこで僕は、当時流行し始めたウインドサーフィンに目をつけた。在日米軍人が持ち込んで、浜で遊んでいた高校生に乗り方を教えたのが日本ウインドサーフィン史の始まり。逗子海岸は、日本のウインドサーフィン発祥の地でもある。

僕はある日、一大決心をして浜から乗り出した。初めて湾口を抜け葉山の名島を目指す。大崎の鼻をかわすと、ボードから眺める景色が一変する。それまで優しく僕を抱いていてくれた緑の小高い山は他人のように背後に退き、目の前には無表情にきらめく海面がどこまでも続く。足元を浸す海水は湾内のそれよりいくらか冷たく、ブームを支える手元でセールがはらむ風の量が増えたことを知る。浜から一キロにも満たない距離が、大自然の中にポツンと放り出されたような不安感を抱かせる。だが、順調にタックを繰り返し航跡を延ばすうちに、そんな思いは消えていく。あとには高い空と広い海だけが残る。磯で砕ける波音に、ふっと我に返ってあたりに目を凝らす。白い飛沫を上げる岩礁は、思いのほかボードから遠いのに驚いた。

名島の水門に立つ『裕次郎灯台』にボードから挨拶《あいさつ》を終えると、復路は追手の風。曳《ひ》き波の白い航跡を描きながら、浜に戻って僕の小さな冒険は無事に終わった。

それは数十年前、親父が初めてヨットを駆って沖を目指した時と同じ冒険だったに違いない。

数年を経ずして、ウインドサーフィンは安定性のあるロングボード・タイプから、高速性を重視したファンボードと呼ばれる短いボードが主流となる。ある夜、新しいボードを買うか迷っていることが、親父と酒を飲みながら話題にのぼった。すると翌朝、僕は仕事に出かける前の親父になぜか書斎へ呼ばれた。部屋に入ると「はい」と言葉短に白い封筒を手渡される。中にはなんと、ボードの購入代金の二十五万円が入っていた。普段は不用意に小遣いをばらまくような親では決してない。僕は一瞬、驚きはしたが、ニッコリ笑って封筒を懐《ふところ》にしまい込んだ。なぜなら息子に艇を買ってやるのが石原家の伝統なのだと僕はすぐに気づいたから。

＊

もはや孫の僕等が、祖父の痕跡《こんせき》に触れることはほとんどない。祖父愛用のお猪口《ちょこ》が何点か実家の居間のサイドボードに並ぶが、そんなもの手にして壊しでもしたら、どんなペナルティーを科せられるかわかったものではない。例え、親父にすすめられても、そいつで酒を楽しめようはずもない。

中学生の頃、僕が麻雀《マージャン》を覚えた祖父が台湾から持って帰ったという象牙《ぞうげ》の麻雀牌《パイ》は、なぜか『裕次郎記念館』の陳列棚に並んでいる。

でも、僕の箪笥《たんす》には、祖父の着物がひと揃《そろ》い入っている。舞台の稽古《けいこ》用にと実家から持ち出したものだ。僕には古めかしく思えた着物を稽古場で羽織っていると、年配の女優さんから、良い大島紬《つむぎ》だと褒められて、芝居の稽古にはもったいないと怒られた。以来、大事にウチの箪笥に保管されている着物が僕の取り分。

先日、祖父の五十回忌の法要が営まれた。僕の記憶にかすかに残る二十回忌の法要には、親父や叔父に懐《なつ》かしそうに微笑みかける背広姿のおじさんが溢《あふ》れ、「慎ちゃん」「裕ちゃん」と呼ばれる親父や叔父が、照れ臭そうな笑顔で応対していた。直会《なおらい》がお開きになってお客様が帰る時、僕等兄弟が足をダラリと伸ばして畳に座ったまま挨拶をすると、親父にこっぴどく怒られるというおまけもついた。

あれから三十年。祖父に縁《ゆか》りの人々も、ほとんどが鬼籍に入られたことだろう。

五十回忌は、身内だけで執り行われた。

法事のあとの直会では、酒好きな石原家の人間は、ビールだのワインだの熱燗《あつかん》だのと我がまま言って、いつもながら賑《にぎ》やかなもの。昼酒にほろ酔い気分の兄貴は床柱に寄り掛かり、また足を伸ばしてリラックス。廊下で遊ぶ我が子を眺めて、「さっちゃんは良い子だけど、のぶやは僕に似て悪い子だから余計に可愛い」と目を細めていた。

祖父から親父、親父から僕等。石原家のキーワードは『子煩悩』なのかもしれない。

あとがき

「『新潮45』読んだよ」アスレチッククラブで顔見知りのおじさんに声をかけられた。

「家族のことなど、書くもんじゃない」。親父《おやじ》や叔父、家族のことを商売のネタにするのを批判されるのは、連載前から予期していたこと。そんな僕の後悔などおかまいなく、おじさんはしゃべり続けた。だが僕は、彼の話の焦点がどこかズレていることに、すぐに気がついた。

「家族なんて関係ない。会社なんて当てにならない。人間は一人。家族の記録なんて残しても仕方ない。僕はベンチプレスの記録だけ書き留めているよ」

一流大学を出て一流企業に勤めるこの人は、家族仲が悪いのだろうか、リストラされそうになっているのだろうか。

僕の心配をよそに、『新潮45』の連載は上々の評判を皆様からいただいた。もう一人の主人公である親父も、苦笑を浮かべて許してくれているようだ。それは、「周りの誰かを小説のネタにすることもあるから、自分が書かれても仕方ないか」と小説家・石原慎太郎の感性に滑り込みぎりぎりセーフ、といったところか。

家族の中でいちばんシビアな反応をみせるのは母親かもしれない。

長年、親父に代わって家族に目を配ってきた母親は、子供の造反を許さない。僕の文章がゴシップ記事ではなく、昭和の一家族の肖像画であることを理解して貰《もら》えるよう苦慮した。

成城の叔母には、叔母も知らなかった僕と叔父の交流や、叔父の横顔がよくスケッチされていると褒められた。

少々悪役のニュアンスを含んで登場してもらった兄は、政治家らしく微笑《ほほえ》んでいる。いや、まだ読んでいないのかもしれない。ふたりの弟達の反応は、……まっ、どうでもいいとしよう。なぜなら、石原家は今でも封建社会だから。

祖父が祖母と再婚して約七十年。これを石原家の歴史とするならば、僕はほぼ半分からの登場となる。後期石原家を知るには、前期石原家を探らなければならない。今回の本を通じて、聞いたこともない当時の話を親父、母親、叔母から聞く機会を得た。

初めて達筆な母方の祖父の手紙も目にした。母親の父・石田光治は、下級士官として応召した中国の前線から母親をお腹《なか》に宿す祖母の元へ、国のため家族のために、死の覚悟をしたためた手紙を送った。同様に手紙で親戚《しんせき》縁者にも、自分の覚悟と残される家族への支援を乞《こ》うていた。果たして祖父は生まれくる我が子を見ることもなく戦死する。だが、母親は子供時分、片親であることを一度たりとも負い目に感じたことはなかったという。それは、石田少尉《しょうい》の意気に感じた親戚の手厚い保護があったからだ。

『死の覚悟』と『意気に感じる』、母の手元に今も残る書簡の中に、僕は昭和のまだ暗い時代の家族像を垣間見《かいまみ》た。

僕は子供の頃、テレビで『サザエさん』を観《み》ていると、なぜか磯野《いその》家がウチに似ているような気がしてならなかった。もちろんウチの親父と波平さんは大違いだ。親父は決まった時間に帰宅もしなければ、食事も一緒にとらない。性格だって波平さんみたいに温厚でありはしない。それでも一家の主人が帰宅すればかいがいしく世話する母親の姿や、うるさく走り廻る兄弟、どっかりと茶の間の中心に座る父親の姿はわが家と変わりない。磯野家と石原家の暮らしの様式は異なっていても、ふたつが昭和の家族であることは間違いない。

僕は家族の日常と、何か事が起こったときの非日常を忠実にスケッチしようと試みた。それはちょうど日記嫌いの僕にとって、三十九年分の日記を一気に書く作業のようだった。

最後に、何度も連載を放棄してしまいそうな、ものぐさな僕を鼓舞してくださった『新潮45』の早川清編集長、新潮出版部次長の寺島哲也氏、そして僕の事務所・湘南《しょうなん》ブラザースのスタッフに、この場を借りてお礼申しあげます。

二〇〇一年一月

石原良純

新しい石原家の船出——文庫版あとがきに代えて

「お前、ネギ臭いぞ」

一張羅のタキシード姿の僕が、親父《おやじ》に呆《あき》れ顔で忠告されたのは新郎側・石原家控え室の片隅でのこと。ホテルに入る前、「どうせ僕は祝宴の料理に手をつける隙《すき》はあるまい」とラーメン屋に寄った。ラーメンだけでは栄養が偏《かたよ》って体に悪い。何か野菜を付け合せようと、何気なく視界に入った「ネギラーメン」の文字。ニンニクが臭《にお》うとは分かっていたが、ネギがそんなに臭うとは知らなかった。

平成十四年十一月九日、赤坂プリンスホテル。華燭《かしょく》の典に臨んだ新郎の僕は、たしかにネギ臭かった。

披露宴を前に、僕は焦《あせ》って歯を磨く。鏡の中の僕は、チョビっと髭《ひげ》も伸びている。僕の洗面のおかげで、式は二分遅れで始まった。

そんな式の最後の最後、親父と僕のスピーチを巻末に紹介したいと思います。

新郎父・石原慎太郎のあいさつ

本日は皆様お忙しいところ、この両人の結婚披露宴にご来賀賜りまして、本当にありがとうございました。ご満足していただけましたかどうか。まあ、形はちょっと日本の通常の形とは違いましたが、私はみなさんといっしょに大いに楽しませていただきました。

このところ眼精疲労で非常に調子が悪くて、治してくれるところがあるなら、創価学会でも共産党でも、すぐ入ろうと思っているぐらいなのですが、今日はこの披露宴の間だけ不愉快さを忘れて楽しく過ごさせていただきました。

私にとって非常に嬉《うれ》しいのは、あえて新郎の歳《とし》は言いませんが、いつまでもいつまでも結婚しませんでね。私は最初のうちはイライラしていたのですが、だんだんハラハラしてきまして、「もうそろそろ結婚しないと勘当するぞ」と。これは、なにも脅しにはならないのですが。

そうしたら、「ここまできたら俺は、二〇代の、美人の、頭の良い、凄《すご》い女としか結婚しない」と。「そう簡単には、お前いかないんじゃないか、どっかで折り合いつけないと、人生はなかなか、そう、うまくはいかないぞ」と言っていましたら、まさに奇跡がおこりまして、本当に素晴らしい花嫁さんを迎えることができました。

何が嬉しいって、良純もなかなかIQが高くてね。いわゆる、つまらない意味で頭がいいのです。そういう意味では、幸子さんは学業を究めてお医者さんにまでなった人ですから。話をしていますと、先ほども何人かの方がおっしゃっておられましたが、良純は理屈が好きで小さなことにこだわると絶対に自分の説を曲げない。ときたま親子の間も険悪になるのですけれども、幸子さんと一緒に家に来て話をしていると、彼女が話すと、相好を崩して、ふんふんと聞いていましてね。「こういう面もこの男にあるのかな」と私、非常に嬉しく思いました。

もう一つ申しますと、実はわが石原家は一流のスポーツマニアでありますけれど、選手としては皆、二流以下であります。そこに、まさに新婦の稲田家はスポーツ選手としてのキャリアがあって、新婦のお父様その上のお兄さん方は、歴代にわたって慶應で柔道部の主将を務めた体育会では有名なアスリートであります。また、新婦のお母さんは、都民マラソンの強化選手になったと聞きます。そして新婦は、四〇〇メートルの記録を中学時代にもっており、剣道は二段。これはもう、とにかく我が家になかったDNAがやっと到来して、私にとっては「素晴らしい孫、ひ孫」「新しい石原家の可能性がひらけていくのだ」と、非常に期待もし、満足しております。

もう一つ申しますと、最近数人の友人から良い話を聞きました。若い美人の女医さんで皮膚科というのは、開業するとべらぼうにはやるそうですな。皮膚科というのは、レントゲンとか余計なものを買う必要がない。そして、皮膚科の患者はすぐに死ぬわけじゃないからね。夫婦でゴルフに行っちゃって、「今日は休診」。患者はぶつぶついいながら次の日に来ても、まあ大概大丈夫。ほら、内科、外科とかになるとそうはいかないでしょ。

それでね、彼女はもうすぐ医者として一人前になるでしょう。担当教授の西川先生も引退されるでしょう。ですから、西川教授を顧問に迎えて、彼女は数年先に開業します。そうなると、良純も頑張るだろうけど……。でも、髪結いの亭主になられちゃ困るな。

私、なかなかエンタープライズが上手《うま》くて、都債を発行して非常に評判が良いのです。皆さん、物事を債券化するのが私は上手いのですが、将来の石原幸子医院長、西川教授顧問の、この開業した皮膚科は、べらぼうなものになります。よかったら投資してください。

今日はどうもありがとうございました。

新郎・石原良純のあいさつ

えー、ただいま新婦のスピーチで、先に一〇〇点満点の模範解答を出されてしまいましたので、私としては、「以下同文」。ま、という訳にはまいりませんので、多少言わせていただきます。

先ほど、誰かの話にもありましたが、「怖い人間」というのがいない今の世の中で、今でこそ一緒に楽しくお酒を飲んだりしていますが、ウチの親父は僕にとって、やはり怖い存在であります。俳優の渡哲也さんを筆頭に怖い先輩がいらして、つかこうへい先生をはじめ怖い演出家がいらして、それは僕にとって非常な財産だと思っています。

今日はそういった怖い方々をはじめ、本当に親しい方だけでもこんなに大勢の方に集まっていただいて、二人を祝福してくださって、誠にありがたいと思っています。

先ほどウチの父が申しておりましたが、僕には「四〇歳までに結婚うんぬん」という意識はなかったのです。けれども、「結婚しろ」と父親に言われ、母親に言われ、それで結婚したということではないのですが、なにかそういうふうに言われ続ける、言い続けてくれることが、〝親の愛〟、そういうことなのだろうと思って両親に感謝しております。

そういう中で私、石原慎太郎家の次男としてここまで育ってまいりましたが、今日という日をスタートとしてこれからは、石原良純家の長男？　じゃないな、家長だな。石原慎太郎家の家長ってことでですね。新しい、この、えー。あっ、違った？……。石原良純家のですよね。頼りないですね、どっかね。お父さんすいません。

石原良純家の家長として、幸子をはじめ、これからたぶん子供もできると思います。そういう中で頑張っていきたいと思います。

「まだまだ若い」と言うとまたクレームがつくのですけれど、「多分に若い二人」でございますので、いろいろご指導ご鞭撻《べんたつ》いただければ幸いと思っております。本日は短い時間の中、いきとどかない点もあったと思いますが、皆様、今後ともよろしくお願い致します。

本日は誠にありがとうございました。

二〇〇二年師走

石原良純

結婚式で挨拶する両家　父は満面の笑み〔2002〕

湘南の海に降る〝裕次郎の雨〟

細かく砕かれたお骨が、ユラユラと揺れながら海の底へ舞い降りてゆく。花曇りの空から差し込む淡い光の射線に触れると、骨はキラリと白く輝いた。

令和四年四月十七日、神奈川県逗子《ずし》、葉山沖で僕は親父《おやじ》の散骨式に臨んだ。前日、遥《はる》か南の海上を通過した台風一号の影響で、海上には微《かす》かにうねりが残っていた。でも、この時期の相模《さがみ》湾は海水温が低く、高い透明度を保っている。花冷えの北東風が肌寒いが、薄雲ごしに陽も差す、概《おおむ》ね穏やかな陽気に恵まれた。

生前、親父と親交の深かったヨット仲間の艇《ヨット》が、僕らが散骨する母船の前を次々と通り過ぎてゆく。三十数艇のヨットのクルーは親父の遺影に一礼すると、海面に花をたむけ、献杯の盃《さかずき》を掲げていてくれた。遺影を抱えながら僕は、ヨット乗り冥利《みょうり》に尽きるこの光景を今、親父はどんな想《おも》いで眺めているのだろうかと考えていた。

この日の朝、葉山のハーバーを出る前の艇長会議で兄は、「生前の父の希望であった散骨の日を迎え、父も喜んでいるでしょう」と挨拶《あいさつ》していた。だが、生前の親父の口グセは「死んだら無」。死んでしまえばその先には何もない。天国も地獄も来世もないと声高に話していた。現世を人一倍エネルギッシュに駆け抜けた人間だからこそ抱く、人一倍強い死への恐怖心だったのだろうと僕は推察する。

　親父の闘病生活もまた、かなりエネルギッシュなものだった。毎度のことなのだが、ひとりでお腹《なか》の具合が悪いと大騒ぎし、ひとりで強引に病院に予約を入れ、ひとりで診察を受けた親父は、ひとりで医者から三カ月の余命宣告を受けて帰って来た。親父の〝体の調子が悪い〟騒ぎに慣れっこになっていた僕でも、膵臓《すいぞう》ガンの再発で余命三カ月ということに驚いた。同時に医師が余りにもあっさりと、その場で当人に余命宣告してしまう今の医療現場にも驚いた。

　流石《さすが》の親父も、宣告を受けた当初は動揺し、当日アテンドしてくれていた病院の事務長に、「俺は三カ月で死ぬ」と院内で人目も憚《はばか》らず大声でしゃべっていたという。でも、翌日にはいつもと変わらぬ不機嫌な親父に戻っていた。

「食事を早く出せ」と家政婦さんを怒鳴りつけ、「仕事するから早く車椅子《くるまいす》に座らせろ」と介護士さんを怒鳴りつけ、「薬が足りないから寝付けない」と看護師さんを怒鳴りつける。「ほんの一年付き合っただけの医者に何が分かる。俺はこの体と八十九年付き合ってきたんだ」としまいには医者の診断にケチをつけていた。

極め付けの出来事は、大晦日《おおみそか》の夜のこと。年末年始は人手が足りないので、兄弟四人が順番で親父の部屋に寝泊まりすることになった。僕の担当は大晦日の夜。『紅白歌合戦』など大嫌いな親父は、夕食を食べ終えるとすぐに寝ると言う。民放では僕が出演している『ザワつく！大晦日』もやっているのに、興味のあろうはずもない。昼間、不自由な体でロクに動いていないのだから、そう簡単に寝付けるはずもない。それでも薬を飲んで親父は強引に眠りに付いた。

自分の寝床で音もなくスマホを観《み》ていた僕もようやく眠れそうだと思ったところで、部屋の明かりがパッとついた。親父のトイレの時間。ちゃんと介護して再び消灯する。するとまたすぐに明かりがつく。睡眠薬が足りないから、看護師を呼べという。薬は定量が決まっている。看護師さんを困らせぬよう説得し、消灯する。と、またすぐに明かりがつく。寝付けないので仕事をするから、今すぐに介護士を呼べと怒りだした。大晦日、それも間もなく新年を迎えようという皆が幸せな時間に、人様の都合などかまわない。見かねた僕は、親子の時間は久々なのだから話をしながら新年を迎えよう。折角の機会なのだから親父に聞いてみたい昔話もある、と言ったところで怒鳴られた。

「お前、偉そうなんだよ。ちょっと成功したからといって、天狗《てんぐ》になって。説教じみたこと言うんじゃない」

声は大きく、発音もいたって明瞭《めいりょう》。僕に対する敵意を的確に表した台詞《せりふ》が二つ三つと矢継ぎ早に飛んできた。病に臥《ふ》していながら、自分の意志を表現するエネルギー。怒鳴られたことへの驚きよりも、あまりの生命力の強さに僕は驚嘆した。これは何か記念に台詞を正確に書き留めておかねばと、僕は慌《あわ》ててボールペンを探した。ペンを動かしながら、これは何の記念なのだろうかと、笑いを堪《こら》えるのに必死でもあった。

親父は近くにいる人間には不機嫌なのに、来訪者があると至って機嫌が良い。自身の八十九年間を振り返り、良い人生だったと笑顔で語っていた。確かに作家として、政治家として思うがままに生きた、自他共に認める充実した生涯であったと思う。強いて言うのならば思い通りにならなかったのが、最期《さいご》の一週間だったのだろう。

食欲が減退し、思うように体が動かなくなった時、親父は死をより身近に感じたに違いない。そんな親父は、何よりも夜を恐れた。

その昔、親父に連れられて艇《ヨット》で航海したことがある。デッキから眺める満天の星空は綺麗《きれい》でも、漆黒の大海原は不気味な静けさで果てしなく広がっていた。人間は大自然に囲まれた時、ジッと身を潜め再び陽が昇るのを待つしかない。昇る陽の光が闇《やみ》の世界から僕を解放してくれた時、どんなにホッとしたことか。闇は死。陽は生。そんな単純なことを艇《ヨット》と海が教えてくれた。

幾多の海へ乗り出し闇の恐《こわ》さを知り尽くしていた親父だから、何よりも夜を恐れた。闇が街を包むと付き添いの者とウイスキーで盃をかわし、車椅子で机に向かいワープロのキーボードを叩《たた》き、夜が明けるのを待ってから床に就いた。

とある日曜日に親父を見舞った。夜中、満足に眠っていないから日中はうたた寝を繰り返している。いつものように話をするでもなく、しばらく部屋の片隅でジッと親父の気配を窺《うかが》っていた。帰り際《ぎわ》、コロナの時代だから憚られるが、別れの挨拶に手を握ろうとした時に親父の目が開いた。

僕と視線を交わした目には、はっきりとエネルギーが宿っていた。僕の手が親父の手に触れた瞬間、明らかに僕の手は小さく弾《はじ》かれた。此《こ》の期《ご》に及んでも気に入らないことには明確に意思表示をする。いつもながらの生命力に驚かされた。

そして火曜日の朝、ロケに向かう車内で弟から電話を受けた。「お父様の調子が悪そうなので御家族に連絡して下さい」と看護師さんに言われたらしい。それから三十分もしないうちに再び電話が鳴った。

「親父、たった今、息を引き取った」

「マジ」

弟の言葉を聞いた僕から出たのは、何とも不謹慎な、その場にそぐわない一言だった。自分の思い通りにならない時間を割愛したのか。親父は自分の死まで自らのエネルギーで差配したのだろうか。親父の死という悲しみよりも、見事な幕引きにまた驚かされた。

死んだら無。その先には何もないのだろうか。僕はそこで思い出した。葉山港に着く直前に雨が降り出したことを。

突然の雨に僕は、逗子のインターチェンジで車を止めて開け放っていたオープンカーの屋根を慌てて閉めた。そこから港に着いて艇長会議が始まるまで、大粒の雨が艇《ヨット》や岸壁を叩き付けた。なるほど、あれは久々の〝裕次郎の雨〟だったのだ。

叔父の生前も葬儀や法事の時も、叔父に大事のある時には必ず雨が降った。この日もまた「ヨウ兄貴、また一緒に海に出るか」と裕次郎叔父が湘南《しょうなん》の海に親父を誘いに来たに違いない。そして叔父の横には、僅《わず》か三十五日で親父の後をまさしく追うように亡《な》くなったお母さんもいる。十九で石原の家に嫁いだ幼妻を一番面倒見たのが、裕次郎叔父だったのだから。

お父さん、お母さん、裕次郎叔父ちゃま。潔おじいちゃまも光子おばあちゃまも、一緒に違いない。皆で仲良くやってよ。

でも、きっとすぐに揉《も》めるな。

石原良純

二〇二二年卯月

散骨式を終えて　右から伸晃、著者、宏高、延啓　2022年4月17日葉山にて

この作品は二〇〇一年二月新潮社より刊行された。

石《いし》原《はら》家《け》の人《ひと》びと

新潮文庫　い－63－1

平成十五年二月一日発行
令和四年七月一日新版発行

著者　石《いし》原《はら》良《よし》純《ずみ》

発行者　佐藤隆信

発行所　株式会社 新潮社

郵便番号　一六二―八七一一
東京都新宿区矢来町七一
電話 編集部(〇三)三二六六―五四四〇
読者係(〇三)三二六六―五一一一
https://www.shinchosha.co.jp

価格はカバーに表示してあります。

乱丁・落丁本は、ご面倒ですが小社読者係宛ご送付ください。送料小社負担にてお取替えいたします。

印刷・大日本印刷株式会社　製本・株式会社大進堂

ISBN978-4-10-113812-1 C0195